Printed in the United States
By Bookmasters

المرأة منذ العصر الحجري
و
المرأة في الإسلام كإنسان

د. نعيمة شومان

المرأة منذ العصر الحجري
و
المرأة في الإسلام كإنسان

دار الفارابي

الكتاب: المرأة منذ العصر الحجري

و

المرأة في الإسلام كإنسان

المؤلف: د. نعيمة شومان

الغلاف: فارس غصوب

الناشر: **دار الفارابي ـ بيروت ـ لبنان**

ت: 301461(01) ـ فاكس: 307775(01)

ص.ب: 3181/ 11 ـ الرمز البريدي: 2130 1107

e-mail: info@dar-alfarabi.com

www.dar-alfarabi.com

الطبعة الأولى 2011

ISBN: 978-9953-71-628-8

تباع النسخة الكترونياً على موقع:
www.arabicebook.com

المرأة منذ العصر الحجري
والمرأة في الإسلام كإنسان

تمهيد

إن إحدى الموضوعات التي حاول الغرب أن تلوك من سمعة الإسلام وأن تحط من قدره، بوسائل إعلامه المرئية والمسموعة كافة، بل وعلى ألسنة كبار مسؤوليه، هو موقف الإسلام حيال المرأة. فلا يكاد يمر يوم واحد، دون أن يستصرخ هؤلاء وجدان العالم أجمع لنصرة المرأة المسلمة، وإنقاذها من الظلم الذي يحيط بها من الإسلام المتحجر والمتصلب، والذي ينكر عليها كل حق من حقوق الإنسان. لذا كان لزاماً علينا في هذا الكتاب، أن نستعرض، بالاستناد إلى القرآن الكريم، وبالمقارنة بينه وبين الحضارات والكتب السماوية السابقة، ما منَّ الله

على المرأة في الإسلام من حقوق، وما أناط بها من مسؤوليات، لا تقلّ ـ في كثير من الأحيان- عن مسؤوليات الرجل، بل وقد تعلو عليه في بعض الأحيان.

المرأة في التاريخ القديم بين الدين والأسطورة

يشهد التاريخ أنه ليس للمرأة تاريخ منفصل عن الرجل، بل أنهما صانعا تاريخ مشترك. وبهذا تصبح قضية المرأة جزءاً لا يتجزأ عن قضية المجتمع كله، ومعركتها ملتحمة مع معركة تحرير الأرض والإنسان، وتسخير الموارد تسخيراً يحقق الرفاهية للجميع، رجالاً ونساءً، من خلال مشاركتهم الفعالة في صنع حاضرهم ومستقبلهم ومستقبل أجيالهم من بعدهم.

فإذا ما رجعنا إلى أقدم ما نعرف من عصور التاريخ، رأينا المرأة ذات مكانة وشأن. لقد شاركت الرجل حياته وكفاحه منذ بداية المجتمع الإنساني، ثم ما لبثت أن ظهرت عوامل جديدة في حياة الإنسان مع ظهور الحضارات القديمة، أدت إلى افتراق الرجل عن المرأة في العمل والنظرة والحياة، بحيث لم يعد يصح القول "أن تاريخهما تاريخ واحد".

لقد كانت الأنثى تستمد من الطبيعة حقيقتها، وكانت الطبيعة تتبع في دورتها من الخصب والنماء، دورة الأنثى في الخلق والتكوين. ولذا فقد كان هذا العالم الواسع متجسداً في الأنثى المفكرة والمعطاءة، العالمة والحكيمة، الكاهنة والعرافة...

فمنذ جذور التاريخ، كانت العلاقة بين (أنكيدو) الرجل، والمرأة زوجته، نموذجاً أسطورياً للعلاقة بين الرجل والمرأة في ذلك الحين. فالممارسة الطبيعية(...) التي تمت بينهما والتي كشفت بصيرة (أنكيدو) فجعلته حكيماً، وأبعدت عنه رفاق الأمس من الحيوان، لم تكن العلاقة الطبيعية التي يمارسها الإنسان كل يوم مع زوجته، بل كانت رمزاً للكفاح الذي بذلته المرأة من أجل تعريف الرجل إلى العوالم التي اكتشفتها قبله، ولجذبه من دائرة الجوع والشبع المغلقة التي يشترك فيها مع الحيوان، إلى دائرة الجمال المفتوحة على العالم الآخر، العالم الإلهي...

لقد قدم (باخوفن) (1815 – 1887)، صورة عن المرأة في المجتمعات القديمة في كتابه "حق الأم"، الذي يشير فيه إلى المكانة التي كانت تحتلها المرأة، وما كانت تتمتع به من قوة سياسية وقانونية، وسلطة اجتماعية.

ويتمثل ذلك في الأساطير الدينية التي تعتبر ذاكرة الشعوب والتاريخ لتطور الإنسانية.

فمنذ أن صنع الإنسان أدواته الحجرية الأولى، وصنع تماثيل آلهته، وبنى مساكنه، كانت المرأة إلى جانبه. ففي حقـول الـقـمـح الأولـى، وفي الـمـدن الأولـى، وفي المعابد.... إلخ، وقفت المرأة إلى جانبه، يداً بيد بعد أن لهثت معه وراء اللقمة النادرة.

المرأة في الديانات القديمة "الآلهة الأنثى"

لقد بدأت كافة الديانات القديمة بـ"الآلهة الأنثى"، التي لعبت الدور الأكبر في الوصول إلى الحضارات القديمة، التي نبذتها ـ فيما بعد- كما سنرى.. لقد كانت "الآلهة الأنثى" تمد الإله الذكر بالحكمة الأصلية، هذه الحكمة التي كانت سر نجاح (زيوس)، إله الحكمة عند اليونان. فزيوس، لم يكن يملك حكمة أصلية، بل إن حكمته كانت مستمدة من الآلهة (ميتس)، وهي أولى زوجات زيوس، التي وصفها (هزيود)، صاحب "أصول الآلهة"، بأن لها من الحكمة أكثر مما كان لكل الآلهة مجتمعة....

ولتأكيد دور "الآلهة الأنثى" في نشر الحكمة والفلسفة، كانت كلمة صوفيا التي أطلقت على الفلسفة "فيلوصوفيا"، إنما هي من آلهة الحكمة (صوفيا). وتشير الدراسات الفنية إلى هذا الجانب عندما تصور المرأة (صوفيا) وهي جالسة وعلى رأسها تاج على هيئة ثلاثة رؤوس أنثوية، وحولها الفنانون والأدباء والفلاسفة يستمدون منها الوحي...

وكما كان للمرأة دور بارز في مجال السيطرة الدينية على عالم يموج بالأسرار والخفايا، إلى جانب دورها "الآلهة الأم"، كانت في الوقت نفسه، هي التي تهب القمح، وتمنح الخصب والفيض للطبيعة. وقد صورت التماثيل "الآلهة الأنثى" كأبهى سيدة للطبيعة في تاريخ مصر القديمة تحت اسم (ايزيس). ويظهر زوجها (اوزيريس) إلى جانبها، أخاً، وزوجاً، وحبيباً، وشريكاً في خصائص الخصب، وإلهاً أسيراً لدورة القمح والإنبات. فهي سيدة القمح، وأول من اكتشف الزراعة، وسيدة الخبز وحقل القمح....

وفي أرض الرافدين، كانت الأجرام السماوية، كالشمس والقمر، في دورتهيما الطبيعيتين تبجّل في شخص (عشتار)، التي كانت ترمز إلى الأرض والأم.

وكانت الألواح السومرية تصور "الآلهة الأنثى" (شمس) إلاهة العدالة والمساواة في (سومر) بلاد الرافدين، وهي تمر في مركبة حول العالم لترى أعمال الناس من فوق، وترسل أشعة النور، وتفتش عن القلوب الحزينة، وتهب الشرائع والحياة للضعفاء والمظلومين، وتنذر الأشرار وترهبهم. وكانت تنادي بكل ما هو أخلاقي، وتدعو إلى قيم الحق والعدل والحرية.

وكانت أول وثيقة في التاريخ تذكر الحرية باسمها السومري (أمارجي). وقد وجدت في سومر، وهي تعني حرفياً "العودة إلى الأم". فالمجتمع "الأمومي" الذي يعتبر من أقدم أشكال العائلة، والذي بنى الأسس للحضارات القديمة، كان يقوم على قيم الأنوثة، ومكانة الأم في تطور الإنسان...

وفيما يتعلق بدور الأنثى في تجديد المعالم الأساسية لسياسة الدولة، ودورها في تأكيد الحق والحرية والعدل والمساواة، تشير الأساطير والدراسات التاريخية إلى الدور الذي أدته الأنثى في عهد (أخناتون) في القرن الرابع والعشرين قبل الميلاد. كانت (ماعت) إلاهة العدالة

والمساواة، وكانت كل الآلهة تعيش على عدالة (ماعت).
وكان (أخناتون) يذيّل اسمها الملكي في كل آثار الدولة
بهذا التوقيع: "العائش على عدالة ماعت". "إني أعيش
على الصدق، وأتزود من صدق وعدالة ماعت".....

المرأة في الحضارات والأديان الأخرى

مقدمـــــة

إن تأليه المرأة في العصور الأولى من التاريخ، يعود- من جانب- إلى ما كانت تتمتع به بعض النساء من صفات شخصية نادرة، وإلى كونها - من جانب آخر- مصدر الخلق ومورد الحياة من جسمها وحليبها، وعطفها وحنانها، للرجال والنساء على السواء، في وقت لم تكن ثمة حاجة ملحة إلى قوة الرجال لعدم وجود المشاحنات والحروب والصراعات على الحكم والثروة التي استوجبتها الحضارات الأولى. . .

وعلى العموم، فإن أكثر الحضارات الأولى قد ألّهت القوة، ولم تكن المرأة قوية فاستغنت عنها شيئاً فشيئاً، إلى أن أنكرت كل حق لها، بل كثيراً ما كانت تعد سلعة كسائر السلع، تباع وتشرى، وتورث، وتهدى للأعيان،

وتعدّ كإحدى الوسائل لإكرام الضيف، أي تحولت إلى عبدة وأمة. . .

أ - لمحة عن المرأة في الحضارات القديمة

المرأة في الحضارة اليونانية: (من المعروف أن ما يسمى بالحضارة اليونانية والحضارة الرومانية، أنهما الأساس لما يسمى حالياً، بالحضارة الأوروبية).

فالمرأة عند اليونان، مهد الحضارات الفلسفية، وراعية الحق والقانون، لم يكن لها أي نصيب من علم أو ثقافة أو حق. . . فهي "البلية عند الآلهة، ووجه النحس، والنكبة المتوارثة خلف المظهر الكذاب. . . ". وكان شعارهم الذي تداولوه من قانون حمورابي: " إن قيد المرأة لا ينزع، ونيرها لا يخلع".

في هذه الشريعة التي انتشرت في بابل، تعتبر المرأة كالماشية، يمتلكها الرجل ويتصرف بها كما يشاء. وأقصى ما أعطته هذه الشريعة للمرأة من حق: أن فرضت على من يقتل بنتاً لرجل أن يسلمه القاتل ابنته ليقتلها، أو ليتملّكها إن عفا عنها.

وكان الشاعر (هزيود) يظن "أن المرأة منحت عقلاً كعقل الكلاب، وأخلاقاً كلها ختل ودهاء، ومن ثم لا حرية ولا مكانة لها في المجتمع". والفيلسوف (أرسطو) نفسه، كان يعيب على أهل اسبرطة منح النساء حقوقاً في الـميراث والـحرية، ويـعـزو سـقـوط اسـبرطة إلى هـذه الحرية . . .

وفي **التشريع الآشوري**، كانت المرأة تجبر بعد موت زوجها، أن تتزوج بأخيه، أو من أحد أبنائه من زوجة أخرى . . . ولم يكن للآباء أي حق في تزويج بناتهم، وليس لها الحق في أن تتزوج ممن تشاء، بل كان الأمر في ذلك للكهّان الذين تجتمع لديهم العذارى البالغات سنوياً فيبعنهن في الأسواق بالمزاد العلني . . .!

وحتى في مدينة أفلاطون الفاضلة، كانت المرأة تشبه بـ"الشجرة المسمومة"، وهي "كائن شرير، ومصدر النكبات والأزمات في العالم".

ومن الظواهر التي تنبئ عن احتقار المرأة، إعارة الزوجات. ففي العصر الذهبي في اسبرطة، كان الأزواج يعيرون زوجاتهم لصنف من الرجال الأقوياء والأذكياء،

لكي ينجبن أبناء أقوياء ونجباء... وفي هذا المجال يسخر (ليقورع)، الذي تعتبر قوانينه وحياً إلهياً، من صفة الغيرة على الزوجة فيقول: "إن من أسخف الأشياء أن يعنى الناس بكلابهم وخيولهم، فيبذلون جهدهم ومالهم ليحصلوا منها على سلالات جيدة، بينما يبقون زوجاتهم بمعزل عن تحسين إنجاب أبنائهم، وقد يكونون ناقصي العقل، ضعفاءً أو مرضى...".

وكانت المرأة عنده لا أهمية لها، خلقت فقط لقضاء حاجة تافهة للرجل، ليس إلا...

والمرأة عند الرومان، كانت تعتبر حيواناً نجساً، لا تدخل المعابد في الدنيا، وتحرم من الجنة في الآخرة. وفي أوج الحضارة الرومانية، كانت الجواري والقيان الطليقات، تنلن من الاهتمام أضعاف ما تناله حرائر النساء من الأزواج والأقرباء. ويقول المرحوم العقاد: "وليس لهذا الاهتمام من غاية سوى أنه شعور يتقارب فيه الأحياء من الناطقين وغير الناطقين...".

وفي بلاد فارس، كانت المرأة حقاً للرجل وملكاً له، يتصرف بها كما يشاء، ويتصرف بمالها وجميع شؤونها.

وله الحق بقتلها والحكم عليها بالموت... وليس لها الحق بالتعلم، ولا بالخروج من البيت. وقد انطلقت من بلادهم جذور الحرم والحريم. ولم تتمتع بالحرية من النساء سوى الجواري والأقنان والمحظيات.

أما في بلاد الصين، فلم تكن وضعية المرأة بأحسن حالاً منها في سائر الحضارات القديمة. فمولدها نكبة وشؤم على أهلها وعلى جميع من يراها. ولا حق لها بالميراث، لا من مال أبيها، ولا من مال زوجها. وهي بمثابة المتاع للبيع والشراء.

والمرأة عبدة للرجل **في الهند**. فحسب القوانين الهندوسية، إذا ما مات زوجها، لا بد لها من أن تبقى دون طعام حتى تموت، أو تدفن معه حية... وأن الوباء والموت والجحيم والسم والأفاعي والنار خير من النساء...!

ويقول (مانو): "إن الزوجة الوفية، ينبغي لها أن تخدم سيدها كما لو كان إلهاً، ويقتصر دورها في الحياة على توفير المتعة للرجال". وقد سلبت شريعة (مانو) المرأة كل حقوقها. فهي تابعة لأبيها أو زوجها، أو أي

رجل من أهل زوجها. ومن العادات العرفية، أن الزوجة المخلصة، إذا ما توفي زوجها، عليها أن تتقدم لكي تلقي بنفسها في النار قبل أن يحرق جثمان الزوج. وقد تواصلت هذه العادة الشنيعة حتى القرن السابع عشر، إلى أن منعها الإنكليز.

وهناك حضارة وحيدة بين **الحضارات القديمة، أعطت المرأة حقوقها، وهي الحضارة المصرية.** فعندما زار (هيرودوت) مصر، في القرن الخامس عشر قبل الميلاد، أبدى دهشته من حرية المرأة فيها، خاصة وأنه جاء من أوروبا، البلد الذي لم تكن المرأة فيه تعرف طعم الحرية. ولكن الزحف الروماني قد قضى على هذه الحقوق، وأحل محلها الفكر الروماني!.

ب - المرأة في الديانات السابقة للإسلام

لقد حرّف الذين اضطلعوا في تسجيل النصوص الدينية لتعاليم الديانات السابقة للإسلام ارادة الخالق في تقدير المرأة حق قدرها. فمن اعتبارها من قبل الخالق مصدر الحياة للكائنات البشرية، من ذكر وأنثى، إلى اعتبارها

مصدر الإثم والذنب، تماشياً مع ما ذكرنا سابقاً من هضم حقوقها وإلصاق أشنع الصفات بها في الحضارات القديمة.

ففي الديانة الهندوكية، تعتبر المرأة إنساناً قاصراً لا أهلية له، وتمنع منعاً باتاً من تعلم كتبها المقدسة لعدم أهليتها لذلك.

وحظرت الديانة البوذية على كل من يطمح إلى النجاة في الحياة، أن يتصل بالمرأة. ومن تعاليمها: "لا سبيل لمن اتصل بامرأة أن ينجو في الحياة". (أي فرضت عليه البتولة...).

واعتبرت **الديانة اليهودية** المحرفة المرأة مصدراً للإثم، فحمّلتها التوراة غواية آدم واخراجه من الجنة، وجعلته يتملّص من المسؤولية، فتقول على لسانه: "هذه المرأة التي جعلتها معي، هي التي أعطتني من الشجرة فأكلت". وقد هول المعادون للمسيح هذا الأمر حتى أباحوا العدوان عليها بدعوى التضحية لتخليص البشرية من اثم الخطيئة الأولى... وما قصّة آدم وحواء والضلع الأعوج إلّا أسطورة تاريخية سخرت لتأكيد هذا الإرث الثقافي بالاستخفاف في المرأة والتسلط عليها.

وظلت البشرية تتوارث هذا الإرث إلى أن أبرأها القرآن الكريم من لعنة الخطيئة الأولى، وحملها إلى سيدنا آدم عليه السلام وحده: ﴿ثُمَّ ٱجْتَبَٰهُ رَبُّهُۥ فَتَابَ عَلَيْهِ وَهَدَىٰ ١٢٢﴾ (طه - 122).

والمرأة في العهد القديم أمر من الموت، وإن الصالح أمام الله ينجو منها: "رجلاً صالحاً بين ألف، قد وجدت، أما امرأة صالحة بين هؤلاء، فلم أجد. . . "

وهي تمثل الرجس والاثم والنجاسة. فاعتبروا المرأة نجسة أيام الحيض. وأورد (ابن كثير) في تفسيره 1-258: "إن اليهود كانوا إذا ما حاضت المرأة منهم فلا يؤاكلونها، ولا يجتمعون معها في البيوت، ويعتبرون كافة الأمتعة التي تجلس عليها نجسة".

وحسب الأصحاح ـ 27 من سفر العدد، فإن البنت لا ترث في حال وجود أخ لها "أيما رجل مات، وليس له ابن، تنقلون ملكه إلى ابنته". ولذا كان عجباً أن يورث أيوب عليه السلام بناته مع بنيه. . .

وكانت البنت، يوم زفافها، تحاط وهي مستلقية، بكبار عائلتها وعائلة زوجها، للتأكد من عفتها.

وفي الكنيسة المسيحية، والتي استخدمت أناجيل عديدة كنصوص دينية، حُرف الدين المسيحي عن قواعده، وغالى رجالها في امتهان كرامة المرأة، وإهدار قيمتها. فالمرأة التي أنجبت المسيح عليه السلام، وبجّلها سبحانه بحمل مسؤولية ولادته وتربيته وحدها، مريم العذراء المصطفاة التي "انزوت به مكاناً قصياً تهز جذع النخلة فيتساقط عليها رطباً ندياً"، هذه الأنثى، اعتبرت بأنها "باب الشيطان، وسلاح إبليس للفتنة والغواية، وأن جسمها من عمل الشيطان، وأن الشيطان مولع بالظهور في شكل أنثى". لقد قال القديس (لويولا): "إنها مدخل الشيطان إلى نفس الإنسان، ناقضة لنواميس الله، ومشوهة لصورته". وقال القديس (سوستام): "إنها شر لا بد منها وآفة مرغوب فيها، وخطر على الأسرة والبيت، ومحبوبة فتاكة، ومصيبة مطلية مموهة". والمرأة حسب آراء فيلسوف الكنيسة (توما الأكويني) "كائن عرضي، جاء إلى الوجود عن طريق العرض، لا قيمة لها ولا شأن، وهي جسد بلا روح". وحسب رسائل قدّيسيهم ورسلهم "المرأة رجل ناقص"...

وتفرض كافة التوصيات الإنجيلية على المرأة عبارة:
"ليكن الرجل سيدك. . . "

" أيتها المرأة، لتكوني خاضعة لزوجك، كما أنت عبدة للرب، لأن الزوج هو سيدك، كما أن المسيح هو سيد الكنيسة" .

إن تمتع الرجل بقوى تقدرها الكنيسة، يزيل كل طريقة إنسانية للتعامل بين الرجل والمرأة. فالوسائل العديدة الموجودة تحت تصرف الأمر البابوي الرباني، ترغم المرأة على الخضوع الكامل لسلطة الرجل، إنها حسبهم "ارادة الله". . . !

وحدث في القرن الحادي عشر، أن المحاكم الكنسية سنّت قانوناً ينص على أن للزوج أن يعير زوجته إلى رجل آخر مدة محدودة. وفي سنة 1790 بيعت امرأة بشلنين، لأنها أثقلت بتكاليفها على الكنيسة التي كانت تؤويها. وظل بيع الزوجة جائزاً في القانون الإنكليزي حتى عام 1805. وفي عام 1931، باع انكليزي زوجته بـ500 جنيه، فحكمت عليه المحكمة بالسجن مدة عشرة أشهر.

ويقول الفيلسوف الإنكليزي (هربرت سبنسر) في كتابه

"وصف علم الاجتماع" (1890- 1903)، "إن الزوجات كانت تباع في انكلترا، فيما بين القرن الخامس والحادي عشر". ولا يزال في بعض الأرياف الإنكليزية رجال يبيعون نساءهم بثمن بخس...!

والأغرب من ذلك، أن البرلمان الإنكليزي أصدر قراراً في عصر (هنري الثامن) ملك إنكلترا، يحظر على المرأة أن تقرأ "العهد الجديد"، أي يحرِّم عليها قراءة الأناجيل، وكُتُبَ رسل المسيح، كما كانت عليه المرأة في عهد الديانة الهندوكية.

وقد عارضت الكنيسة تخدير المرأة في حالات الوضع، زاعمة أن الله قال لحواء: "لسوف تلدين بالآلام"...! فهي المسؤولة، حسبها، عن إغواء سيدنا آدم واخراجه من الجنة.

هذا دون الكلام عن أوضاع المرأة في عهد لويس الرابع عشر التي لم تكن تزيد عن كونها مجرد عبدة ليس إلّا، كما يؤكد ذلك كبار المؤرخين. ويكفي لمعرفة ذلك، الرجوع إلى الكتاب الذائع الصيت للسيدة شيدر ناكور "L'Alliée du Roi"، الذي قدّم له المؤرخ الشهير والأستاذ

في (College de France)، فرناند بروديل. ولا يسع القارئ لهذا الكتاب، إلّا أن يصاب بالهلع، لشدة القساوة التي كانت تعانيها المرأة في حياتها في ذلك العصر. ويبدو، حتى أن عبقرية موليير الفذّة، لم يكن بوسعها أن تغير من أوضاعها شيئاً...

ويوجد بين الأميركيين أقوام يتبادلون زوجاتهم لمدة معلومة، ثم يسترجع كل واحد منهم زوجته المعارة. ولم يقتصر الأمر على إعارة الزوجات، بل تجاوزه إلى بيعهن، كما يبيع البدوي دابته، أو شيئاً من متاع بيته...!

أما في فرنسا، فالاجتماع المشهور الذي عقد في نهاية القرن الخامس عشر، ودار فيه الحديث عن المرأة "أهي إنسان أم غير إنسان"؟! ومع اتفاق الحاضرين على إنسانيتها، إلّا أنهم استدركوا: "أنها خلقت لخدمة الرجل".

وحسب البروفسور آلان باركر، "لقد غالت المسيحية بالقسوة والظلم على المرأة، لدرجة أن الكنيسة الكاثوليكية قامت، تحت غطاء رعاية الأخلاق والعفة والدين، في فرنسا وحدها، ما بين القرن الرابع عشر والسابع عشر،

25

بحرق ما يزيد على المليون امرأة، بحجة وصمهن بالساحرات".

وفي عام 1904، لم تغير الثورة الفرنسية التي اندلعت منذ عام 1789 والقوانين البابوية من وضع المرأة شيئاً، ولم يسمح لها إلّا بالرقص والغناء.

وفي عام 1938، أصدرت الجريدة الرسمية الفرنسية قراراً يمنع المرأة من توقيع عقد مالي، ومن حصولها على الإرث. وهكذا ترجمت مقولة نابليون: "إن الطبيعة هي التي جعلت من نسائنا إماءً لنا..."!! ومنها استوحيت آراء فلاسفة فرنسا العظماء أمثال: (بلزاك، وبرودون)، إلى أن جاء قرار المنظمة الدولية للأمم المتحدة عام 1967، يدعو إلى القضاء على كل تمييز بحق المرأة، وهو ما منحها إياه الإسلام قبل اثني عشر قرناً...!

وحسب الكاتبة الألمانية (هونكه) في كتابها "شمس الله تشرق على الغرب": "لقد ظلت الكنيسة على معاداتها للمرأة، إلى أن توصل الغرب إلى قهر هذه العداوة عن طريق صلته بالعالم الإسلامي، والذي كان يعتبر، في ذلك الحين، أعجوبة غير قابلة للتحقيق"...

الا أن المبالغة في ردة الفعل التي ظهرت في الغرب، وتحرير المرأة إلى درجة الانفلات، ومساواتها بالاضطلاع في الأعمال التي يقوم بها الرجل، حتى التي لا تتماشى مع طاقتها الجسدية، إلى جانب انفرادها بالأعمال المنزلية، وتربية الأطفال، مع ذلك كله، أصبح التحرر أشد من العبودية.

وزاد الطين بلة أن اقترن عملها إلى جانب الرجل بالابتزاز الجنسي. وبهذا الصدد، تقول الكاتبة (لين فارتي) في كتابها "الابتزاز الجنسي" : "إن تاريخ ابتزاز المرأة العاملة جنسياً قد بدأ منذ ظهور الرأسمالية، ومنذ التحاقها بالعمل. وقد ساهم ذلك في قتل أعداد لا تقدر من النساء في القرن التاسع عشر وأوائل القرن العشرين، عن طريق الأمراض التناسلية أو الطرد، والجوع، والمرض، والارهاق العصبي الناتج من ذلك". وهي كزوجة، لا يوجد من يعيلها ان لم تعمل، حتى أن الأبوين يتخليان عنها إذا بلغت السن القانونية.

27

المرأة في الإسلام كإنسان

مقدمة

"الإسلام كثورة اجتماعية وإنسانية في كافة آرائه ومفاهيمه، بما فيها مفهومه عن المرأة".

يعتقد المفكرون الغربيون أن الإسلام هو عبارة عن دين عبادة وعقيدة وعلاقة بين العبد وربه، وليس بنهج للحياة، أو يحاولون جاهدين أن يصبح كذلك، على منوال ما توصلوا إليه بالدين المسيحي الكريم...

لقد جاء الإسلام- في الواقع- كثورة اجتماعية، في كافة مفاهيمه وآرائه ونظرياته، لا تنفصل فيه الحياة عن الدين لدرجة أن المفهوم الاجتماعي فيه يشكل جزءاً لا يتجزأ من المفهوم الروحي ﴿فِيهِ ءَايَٰتٌۢ بَيِّنَٰتٌ مَّقَامُ إِبْرَٰهِيمَ ۖ وَمَن دَخَلَهُۥ كَانَ ءَامِنًا ۗ وَلِلَّهِ عَلَى ٱلنَّاسِ حِجُّ ٱلْبَيْتِ مَنِ ٱسْتَطَاعَ إِلَيْهِ سَبِيلًا ۚ وَمَن كَفَرَ فَإِنَّ ٱللَّهَ غَنِىٌّ عَنِ ٱلْعَٰلَمِينَ ﴿٩٧﴾﴾ (آل

عـــمـــران- 97)، ﴿وَمَآ أَرۡسَلۡنَٰكَ إِلَّا رَحۡمَةٗ لِّلۡعَٰلَمِينَ ١٠٧﴾ (الأنبياء-107).

لقد حررت هذه الثورة، الفريدة من نوعها في التاريخ الإنساني، حررت الإنسان ـ بما فيه المرأة- من كل شكل من أشكال العبودية، ما عدا عبادة الله "لا اله الا الله"، كما حررته من داخله من كافة ينابيع الاستغلال للغير الكامنة فيه، بما فيها استغلال المرأة "إن النفس أمارة بالسوء".

لقد نسفت كافة الآراء التي كانت تقال فيها (من باب الشيطان وسلاح إبليس للفتنة والغواية، وتمثل الرجس والاثم والنجاسة، وعبدة للرجل... إلخ، كما مرّ معنا). وأقرت هذه الثورة آراء جديدة، تخالف كل المخالفة آراء الديانات الأخرى.

المرأة في النصوص القرآنية

لقد كرّمها الخالق بأن جعلها منبت البشر من ذكور وأناث، من قوي وضعيف، من عالم وجاهل، وحاكم ومحكوم... فهي أول أستاذ له، وأول حاكم عليه، من ملك ومملوك، ونبي ورسول.

والمرأة هي أم الأنبياء والرسل، أم موسى عليه السلام، التي نجّاها الله من مذبحة فرعون، وأم عيسى بن مريم "التي أحصنت فرجها فنفخنا فيها من روحنا"، وحملت على عاتقها وحدها ولادة هذا النبي الكريم وتربيته بفعل إرادة من السماء، (تهز بجذع النخلة فيتساقط عليها رطباً ندياً..) وأم محمد صلوات الله عليه وسلامه، التي حملت به يتيماً وأرضعته، وخديجة التي احتضنت دعوته، وبذلت مالها في سبيلها، وفاطمة التي تسمى "بأم أبيها، وأسماء التي كانت وحدها القادرة على حمل سره الدفين؛ هذه المرأة التي لولا مؤازرتها واحتوائها الأنثوي، ما كان لمثل هذه الدعوات أن تستمر كما أرادها الله تعالى. هذه المرأة التي نبذتها الحضارات والأديان السابقة، قد رفعها الإسلام إلى مصاف الرجال، بل وفي بعض الحالات إلى أرفع وأرقى منهم...

ولتأكيد مكانتها واحترامها، أفرد لها سورة خاصة بها هي سورة "النساء"، علاوة على سور أخرى، أوردت حقوقها، وأوضحت مكانتها في المجتمع والحياة، وأوصت بالعناية بها، وهي: الطلاق، والمائدة، والنور، والأحزاب، والمجادلة، والممتحنة ومريم.

خلافا للديانتين السابقتين، اليهودية والمسيحية، اللتين

تحمّلان أمنا حواء، ومن خلفها المرأة، مسؤولية "الخطيئة الأولى" وهبوط سيدنا آدم من الجنة، حسب ما جاء في الآية رقم 13 من سفر التكوين (العهد القديم)، "انها المرأة التي منحتني اياها لرفقتي، هي التي أعطتني التفاحة الممنوعة فأكلت منها"، لقد منّ الخالق جلّ جلاله على المرأة في القرآن الكريم، بأن برّأها من لعنة هذه الخطيئة، كما مرّ معنا، ووصمة حياتها بالغواية والاغراء، وحملها إلى سيدنا آدم عليه السلام وحده، بقوله تعالى: ﴿وَعَصَىٰٓ ءَادَمُ رَبَّهُۥ فَغَوَىٰ ۝١٢١ ثُمَّ ٱجْتَبَٰهُ رَبُّهُۥ فَتَابَ عَلَيْهِ وَهَدَىٰ ۝١٢٢﴾ (طه 121-122).

ومنّ الله على المرأة، بأن أعفاها من الاستقبال البغيض لمولد الأنثى، وهي عادة قديمة لم تستثن منها مريم العذراء المصطفاة، حين حملت بها أمها، امرأة عمران، ونذرت ما في بطنها لخدمة الرب في الهيكل بقوله تعالى: ﴿فَلَمَّا وَضَعَتْهَا قَالَتْ رَبِّ إِنِّي وَضَعْتُهَآ أُنثَىٰ وَٱللَّهُ أَعْلَمُ بِمَا وَضَعَتْ وَلَيْسَ ٱلذَّكَرُ كَٱلْأُنثَىٰ ۖ وَإِنِّي سَمَّيْتُهَا مَرْيَمَ وَإِنِّيٓ أُعِيذُهَا بِكَ وَذُرِّيَّتَهَا مِنَ ٱلشَّيْطَٰنِ ٱلرَّجِيمِ ۝٣٦﴾. (آل عمران- 36). وقد بقيت هذه العادة الآثمة حتى جاء كتاب الإسلام فمحقها ﴿وَإِذَا بُشِّرَ أَحَدُهُم بِٱلْأُنثَىٰ ظَلَّ وَجْهُهُۥ مُسْوَدًّا وَهُوَ كَظِيمٌ ۝٥٨ يَتَوَٰرَىٰ مِنَ ٱلْقَوْمِ مِن سُوٓءِ مَا بُشِّرَ بِهِۦٓ ۚ أَيُمْسِكُهُۥ عَلَىٰ هُونٍ أَمْ

يَدُسُّهُۥ فِى ٱلتُّرَابِ ۗ أَلَا سَآءَ مَا يَحْكُمُونَ ﴿٥٩﴾﴾ (النحل: 58-59).
﴿وَإِذَا ٱلْمَوْءُۥدَةُ سُئِلَتْ ﴿٨﴾ بِأَىِّ ذَنۢبٍ قُتِلَتْ ﴿٩﴾﴾ [التكوير: 8-9]؟

(من الجدير بالذكر، أن القديسة مريم العذراء، بموجب الآية 18 من أحكام العهد الجديد (St Mathieu)، كانت مخطوبة إلى جوزيف حين حملت بسيدنا عيسى عليه السلام، وليست عابدة في الهيكل، كما جاء في القرآن الكريم،) (انظر الآيات الكريمة في الملحق رقم 1).

...وفضلها سبحانه وتعالى كأم: "الجنة تحت أقدام الأمهات".

وأوصى الأولاد بالإحسان إليها، والخضوع ذلاً لها بالرحمة، وعدم نهرها والتأفف منها، عند الكبر، على قدر المساواة مع الأب ﴿وَقَضَىٰ رَبُّكَ أَلَّا تَعْبُدُوٓا۟ إِلَّآ إِيَّاهُ وَبِٱلْوَٰلِدَيْنِ إِحْسَٰنًا ۚ إِمَّا يَبْلُغَنَّ عِندَكَ ٱلْكِبَرَ أَحَدُهُمَآ أَوْ كِلَاهُمَا فَلَا تَقُل لَّهُمَآ أُفٍّ وَلَا تَنْهَرْهُمَا وَقُل لَّهُمَا قَوْلًا كَرِيمًا ﴿٢٣﴾ وَٱخْفِضْ لَهُمَا جَنَاحَ ٱلذُّلِّ مِنَ ٱلرَّحْمَةِ وَقُل رَّبِّ ٱرْحَمْهُمَا كَمَا رَبَّيَانِى صَغِيرًا ﴿٢٤﴾﴾ [الإسراء: 23-24].

ويروي العلامة أبو هريرة عن الرسول ﷺ أن أحد الصحابة جاءه راجياً إشراكه في إحدى المعارك الحربية.

فانبرى له الرسول ﷺ سائلاً: " ألك أم ما زالت على قيد الحياة؟" أجابه: نعم. فما كان من الرسول إلّا أن نصحه قائلاً: " إبقَ إلى جانبها، فالجنة تحت أقدامها".

وفيما كانت تعتبر شيئاً غير ذي شأن، اعتبرها الرسول ﷺ كل شيء... فكرم مولدها "نعم الولد البنات"، وفضّلها كامرأة على كافة متاع الدنيا "ليس في متاع الدنيا أفضل من المرأة الصالحة". وفضّلها على الأب بحسن المعاملة من الأبناء حين سئل: "من أحق الناس بحسن رعايتي؟" أجاب الرسول: "أمك"، فسأل: "ثم من؟"، أجاب: "أمك"، ثم عاد فسأل ثالثة: "ثم من؟" أجاب الرسول ثالثة: "أمك"... وعلى السؤال الرابع أجاب الرسول: "أباك"..

وكرمها الرسول كطفلة، وقرن حسن تربيتها بدخول الجنة "من كانت له عدة بنات فرباهن فأحسن تربيتهن، أدخله الله الجنة". وحضّ على الإحسان إلى البنت ولو كانت آثمة. قال صلى الله عليه وسلم في صحيح البخاري: "أيما رجل كانت عنده وليدة، فعلّمها، فأحسن تعليمها، وأدّبها، فأحسن تأديبها، ثم أعتقها وزوّجها فله

أجران...." وفضّلها على الذكور بقوله: "إن الله أرقّ على النساء منه على الرجال" وقوله: "رفقاً بالقوارير". وقوله: "ما من رجل يدخل فرحة إلى قلب امرأة بينه وبينها قرابة، إلّا فرّحه الله يوم القيامة".

ويروي ابن عباس عن الرسول ﷺ فضل الإسلام على المرأة بقوله: "من رزقه الله بطفلة، فلم يئدها، ولم يسربلها بالعار، ولم يؤثر عليها أخوتها، سيدخله الله ربوع جنته يوم القيامة بفضلها". ويضيف: "إن من كابد في إصلاح تربية بناته بعد أن حدن عن الطريق الصحيح، وأحسن إليهن، يجعلهن الله له ستاراً يحميه من نار جهنم".

لعمري، أين هذا الحكم وتسامحه وكرمه، من أحكام عرب الجاهلية، ووأدهم الوليدة الطاهرة البريئة منذ ولادتها لئلا تجلب لهم العار، والأحكام الجائرة، والتي ما زالت سارية حتى الآن، في بعض الأوساط، على الفتيات الناشزات، والمستوحاة من أحكام العهد القديم كما سنرى؟!!..

ولم يختلف الحكم بالنسبة للأخت عنه للبنت.

فحسب سلسلة الحديث الصحيح: "من اضطلع بمسؤولية العناية بثلاث بنات، أو ثلاث أخوات، وخشي الله في تربيتهن، سيكون بفضلهن، معي في الجنة يوم القيامة".

وأن تعدّوا نِعَم الله في الإسلام على المرأة فلا تحصوها... ويشهد على ذلك ما بلغته المرأة في الجزيرة العربية في الإسلام من منزلة مرموقة، لدرجة أن هناك من الملوك من كان ينسب إلى أمه.

الإسلام، ومساواة المرأة مع الرجل منذ اثني عشر قرنا

(في الخلق، والمسؤولية، والواجبات، والحقوق)

﴿وَلَهُنَّ مِثْلُ ٱلَّذِى عَلَيْهِنَّ﴾ (البقرة- 228)

بمثل هذه الآية الصريحة الخالية من كل لبس وإشكال وحدود، أثبت الإسلام اعترافه بحقوق المرأة وواجباتها كالرجل، نداً لند...

المساواة في الخلق: إذا ما اعتبرنا سورة النساء، هي الدستور الخاص بالمرأة، نجد أول مواده هي التي تقرر الحقيقة الأولى، وهي خلق المرأة، أي مساواتها بالخلق مع الرجل: ﴿يَـٰٓأَيُّهَا ٱلنَّاسُ ٱتَّقُوا۟ رَبَّكُمُ ٱلَّذِى خَلَقَكُم مِّن نَّفْسٍ وَٰحِدَةٍ وَخَلَقَ مِنْهَا زَوْجَهَا وَبَثَّ مِنْهُمَا رِجَالًا كَثِيرًا وَنِسَآءً ۚ ﴿١﴾...﴾ (الآية الأولى من سورة النساء). فهي زوج الرجل، وهو زوج المرأة، من الازدواج. وخلقنا من كل زوجين اثنين كما

في كافة الكائنات الحية. والمرأة والرجل متحدان روحيا: ﴿هُنَّ لِبَاسٌ لَّكُمْ وَأَنتُمْ لِبَاسٌ لَّهُنَّ﴾ (البقرة- 187)، وذلك على عكس ما جاء في العهد القديم الذي يبين أن المرأة خلقت لخدمة الرجل، وقد خلقت منه، ولم يخلق منها، (الآيات 8 و9 من كورنتان). وخاطب الله عز وجل الزوجين معاً في مواطن كثيرة بلفظ واحد هو الإنسان: ﴿يَٰٓأَيُّهَا ٱلْإِنسَٰنُ مَا غَرَّكَ بِرَبِّكَ ٱلْكَرِيمِ ﴿٦﴾ ٱلَّذِى خَلَقَكَ فَسَوَّىٰكَ فَعَدَلَكَ ﴿٧﴾﴾؟ (الانفطار: 6-7]). .

وإذا كان القرآن قد جعل للرجال درجة على النساء: ولهم عليهن درجة، فما ذلك للحط من قدر المرأة، بل على العكس، ليكون لها عوناً على كل ما هو خارج عن طاقتها الجسدية، لقوله: بما فضل الله بعضهم على بعض أي القوى العضلية، ولينفق عليها من أمواله ﴿وَبِمَآ أَنفَقُواْ مِنْ أَمْوَٰلِهِمْ﴾ (النساء-34).

المساواة بالمسؤولية

لقد رفع الإسلام المرأة إلى مستوى الرجل بتكليفها بكافة المسؤوليات المترتبة عليه من: دينية، وعلمية، وثقافية، وسياسية واقتصادية.

المسؤولية الدينية

خلافاً لبعض الشرائع التي تحرّم على المرأة القيام بالطقوس الدينية، وتحرمها حتى من قراءة الكتب المقدسة؛ كما مرّ معنا، فقد كلف الله المرأة في الإسلام بما يطالب به الرجل من إيمان، وصلاة وحج وما إلى ذلك من جميع التكاليف الدينية، وثوابها وعقابها، كما جعلها مسؤوله منذ بلوغها مسؤولية كاملة عن كل تصرفاتها.

ففي أول تكليف للبشرية وجه الخطاب إلى آدم وحواء معاً: ﴿وَيَٰٓـَٔادَمُ ٱسۡكُنۡ أَنتَ وَزَوۡجُكَ ٱلۡجَنَّةَ فَكُلَا مِنۡ حَيۡثُ شِئۡتُمَا وَلَا تَقۡرَبَا هَٰذِهِ ٱلشَّجَرَةَ فَتَكُونَا مِنَ ٱلظَّٰلِمِينَ ١٩﴾ (الأعراف ـ 19)

ولما أخطآ تابا معا إلى الله: ﴿قَالَا رَبَّنَا ظَلَمۡنَآ أَنفُسَنَا وَإِن لَّمۡ تَغۡفِرۡ لَنَا وَتَرۡحَمۡنَا لَنَكُونَنَّ مِنَ ٱلۡخَٰسِرِينَ ٢٣﴾ (الأعراف ـ 23).

ويطالب الخالق الرجال والنساء بذات التكاليف وذات المسؤوليات في سور عديدة منها:

﴿وَٱلۡمُؤۡمِنُونَ وَٱلۡمُؤۡمِنَٰتُ بَعۡضُهُمۡ أَوۡلِيَآءُ بَعۡضٖۚ يَأۡمُرُونَ بِٱلۡمَعۡرُوفِ وَيَنۡهَوۡنَ عَنِ ٱلۡمُنكَرِ وَيُقِيمُونَ ٱلصَّلَوٰةَ وَيُؤۡتُونَ ٱلزَّكَوٰةَ وَيُطِيعُونَ ٱللَّهَ وَرَسُولَهُۥٓۚ أُوْلَٰٓئِكَ سَيَرۡحَمُهُمُ ٱللَّهُۗ إِنَّ ٱللَّهَ عَزِيزٌ حَكِيمٞ ٧١﴾ (التوبة ـ 71) ﴿إِنَّ ٱلۡمُسۡلِمِينَ وَٱلۡمُسۡلِمَٰتِ وَٱلۡمُؤۡمِنِينَ وَٱلۡمُؤۡمِنَٰتِ

وَٱلْقَٰنِتِينَ وَٱلْقَٰنِتَٰتِ وَٱلصَّٰدِقِينَ وَٱلصَّٰدِقَٰتِ وَٱلصَّٰبِرِينَ وَٱلصَّٰبِرَٰتِ وَٱلْخَٰشِعِينَ وَٱلْخَٰشِعَٰتِ وَٱلْمُتَصَدِّقِينَ وَٱلْمُتَصَدِّقَٰتِ وَٱلصَّٰٓئِمِينَ وَٱلصَّٰٓئِمَٰتِ وَٱلْحَٰفِظِينَ فُرُوجَهُمْ وَٱلْحَٰفِظَٰتِ وَٱلذَّٰكِرِينَ ٱللَّهَ كَثِيرًا وَٱلذَّٰكِرَٰتِ أَعَدَّ ٱللَّهُ لَهُم مَّغْفِرَةً وَأَجْرًا عَظِيمًا ﴿٣٥﴾ (الأحزاب ـ35).

وهذا خير دليل على أن المعيار الأساسي لإرضاء الله سبحانه وتعالى، هو العمل الصالح، وليس كونه صادراً عن رجل أو امرأة. وهنا يبدو الفرق الشاسع بين الإسلام وبعض الأديان، والتي بموجبها يحظر الإله على المرأة دخول الجنة.

المساواة في الجهاد

والمرأة والرجل متساويان بالأمر بالجهاد، سواء أكان ذلك بالمال أو بالنفس. وهو "فرض كفاية"، ولكنه يصبح عند الضرورة القصوى "فرض عين" على الجميع، كل حسب طاقته وقدرته. هذا على أن يكون الرجال في المواجهة، والنساء في الإمداد والإسعاف.

وقد حصر الشرع الجهاد، في عهد الرسول أثناء نشر الدعوى، ضد الذين يقاتلون المؤمنين ويعتدون عليهم بقوله تعالى: ﴿وَقَٰتِلُوا۟ فِى سَبِيلِ ٱللَّهِ ٱلَّذِينَ يُقَٰتِلُونَكُمْ وَلَا تَعْتَدُوٓا۟ إِنَّ ٱللَّهَ لَا يُحِبُّ ٱلْمُعْتَدِينَ ﴿١٩٠﴾﴾ (سورة البقرة: 190).

كما أن حصره بالمقاتلين، يمنعه من أن يمتد إلى أولادهم وذويهم من الأبرياء:

﴿وَلَا تَزِرُ وَازِرَةٌ وِزْرَ أُخْرَىٰ﴾ (الاسراء- 15)

﴿وَكُلَّ إِنسَٰنٍ أَلْزَمْنَٰهُ طَٰٓئِرَهُۥ فِى عُنُقِهِۦ وَنُخْرِجُ لَهُۥ يَوْمَ ٱلْقِيَٰمَةِ كِتَٰبًا يَلْقَىٰهُ مَنشُورًا ١٣﴾ (الاسراء- 13). إلّا أنـه حـذر الاستمرار في الجهاد، بعد أن استتب الأمر للمسلمين، بقوله تعالى لرسوله الكريم: "أأنت تدعو الناس لكي يكونوا مسلمين؟" قل للمشركين: ﴿لَكُمْ دِينُكُمْ وَلِىَ دِينِ ٦﴾ (الكافرون: 6) ﴿قَد تَّبَيَّنَ ٱلرُّشْدُ مِنَ ٱلْغَىِّ﴾ (البقرة: 256).

وقد أذعن الرسول الكريم لحكم الله، وأعلن نهاية الجهاد الأصغر، وبداية الجهاد الأكبر الذي يحضّ على العمل الصالح، ومساعدة الغير واحترامهم.

المساواة في الحقوق: (العلم والعمل والأجر والإرث)

لقـد وضـع الإسلام حـداً لكـافة ضـروب التمايز والتفضيل بين الرجل والمرأة التي كانت سائدة قبله، والتي كانت تغبن المرأة حقها في العمل وأجره، والعلم، والتملك، وإدارة الأموال والحسابات، بالإضافة إلى حقها بالحصول على الإرث.

المساواة في حق العمل وأجره

لقد حضّ الله سبحانه وتعالى كافة المخلوقات على العمل بقوله: ﴿ٱعۡمَلُواْ فَسَيَرَى ٱللَّهُ عَمَلَكُمۡ﴾ التوبة: 105). وكان للإسلام، وما زال، قصب السبق على كافة الشرائع والقوانين الحديثة، في المساواة المطلقة بالأجر بين الرجل والمرأة، هذه القوانين التي ما زالت تغبن المرأة ثلث حقها من الأجر الذي يناله الرجل لذات الإمكانيات وذات العمل.

فالمبدأ الحديث: "**وحدة الأجر لوحدة العمل**"، ما زالت المرأة تكافح من أجله في فرنسا منذ عام 1892 دون جدوى، على الرغم من كونه قد نال موافقة أكثرية الأصوات في البرلمان الفرنسي ثلاث مرات على التوالي، منذ ثلاثين عاماً. فالفروقات في الأجر بين الرجل والمرأة، لذات العمل وذات الإمكانيات العلمية والخبرة العملية، والتي تتراوح بين 19 و 23%، تزداد حدة، مما دعا رئيس الجمهورية الفرنسية، جاك شيراك، إلى الحضّ على اجتياز تلك العقبة الكأداء (أنظر جريدة اللوموند الفرنسية، تاريخ 7 / 1/ 2005). وكذلك الحال بالنسبة لإدارة أموالها بنفسها مستقلة عن زوجها. ولم تتمتع باستلام أجرها بنفسها إلّا عام 1907.

هذا المبدأ (وحدة الأجر لوحدة العمل)، كان الإسلام قد تبناه منذ اثني عشر قرناً، بقوله تعالى: ﴿مَنْ عَمِلَ صَٰلِحًا مِّن ذَكَرٍ أَوْ أُنثَىٰ وَهُوَ مُؤْمِنٌ فَلَنُحْيِيَنَّهُۥ حَيَوٰةً طَيِّبَةً ۖ وَلَنَجْزِيَنَّهُمْ أَجْرَهُم بِأَحْسَنِ مَا كَانُوا۟ يَعْمَلُونَ ﴿٩٧﴾﴾ (النحل: 97) وقوله: وتجزى بالاحسان احسانا، وبالسوء سوءا وقوله: ﴿مَّنْ عَمِلَ صَٰلِحًا فَلِنَفْسِهِۦ ۖ وَمَنْ أَسَآءَ فَعَلَيْهَا ۗ﴾ (فصلت: 46).

المساواة في الإرث

خلافاً لما كان عليه الحال قبل الإسلام، والديانات الأخرى من توريث الذكور فقط، بدعوى أنهم يطاعنون بالرماح، ويضربون بالسيوف، ويحمون الديار، بينما تعتبر البنت حملاً ثقيلاً ومجلبة للعار؛ فقد أقرّ الإسلام نصيب المرأة من الإرث: ﴿لِّلرِّجَالِ نَصِيبٌ مِّمَّا تَرَكَ ٱلْوَٰلِدَانِ وَٱلْأَقْرَبُونَ وَلِلنِّسَآءِ نَصِيبٌ مِّمَّا تَرَكَ ٱلْوَٰلِدَانِ وَٱلْأَقْرَبُونَ ۚ﴾ (النساء-7).

ولم يجعل الله عز وجل نصيب الذكر مثل حظ الأنثيين في الآية الكريمة: ﴿لِلذَّكَرِ مِثْلُ حَظِّ ٱلْأُنثَيَيْنِ ۚ﴾ تفضيلاً للذكر على الأنثى، وإنما لأن تبعاته ضعف تبعاتها. فعلى الرجل أن ينفق على نفسه وزوجه وعياله. وقد يتحمل نفقات الأم العجوز، أو الأخت الأرملة، أو

العانس أو المطلقة. في حين أن البنت تنفق على نفسها، وغالباً ما ينفق عليها والدها أو زوجها مهما كانت على درجة من الثراء. والشاهد على ذلك، أن الذكر والأنثى يتساويان في الإرث أحياناً. فالأب يرث مثل الأم في حال وجود فرع وارث للميت لقوله تعالى: ﴿وَلِأَبَوَيْهِ لِكُلِّ وَاحِدٍ مِّنْهُمَا ٱلسُّدُسُ مِمَّا تَرَكَ إِن كَانَ لَهُۥ وَلَدٌ﴾ (النساء-11). والأخت لأم ترث مثل الأخ لأم، لقوله تعالى: ﴿وَإِن كَانَ رَجُلٌ يُورَثُ كَلَٰلَةً أَوِ ٱمْرَأَةٌ وَلَهُۥٓ أَخٌ أَوْ أُخْتٌ فَلِكُلِّ وَاحِدٍ مِّنْهُمَا ٱلسُّدُسُ﴾ (النساء-12)

والتشريع الإسلامي رائد في هذا المجال، إذ لم يسبق بمثله، ولم يلحق به ما يضاهيه. والشاهد على ذلك وضعية المرأة الغربية. فهي لا تتمتع بحقها الكامل في الإرث، ولا يمكنها أن تتصرف بأموالها، بعد الزواج إلّا بإذن زوجها، الذي يقاسمها منذ اليوم الأول من الزواج نصف مالها. وقد يطلقها في اليوم التالي دون أن يفقد نصيبه منه..

"العلم فريضة على كل مسلم ومسلمة"

بمثل هذه العبارة التي لا تحتمل التأويل واللبس،

43

جاء العلم على لسان الرسول الكريم، كفرض على المرأة كالرجل، شأنه شأن بقية الفرائض، كالصوم والصلاة، والحج وتأدية الزكاة.

ولأهمية العلم ورفعة شأنه، أفاض القرآن الكريم بالآيات التي تحض عليه. وليس أدل على ذلك من أن كلمة "إقرأ"، كانت أول أمر فرضه الملاك جبرائيل عليه السلام، على سيدنا محمد ﷺ ﴿ٱقْرَأْ بِٱسْمِ رَبِّكَ ٱلَّذِى خَلَقَ ۝١ خَلَقَ ٱلْإِنسَـٰنَ مِنْ عَلَقٍ ۝٢﴾ [العلق: 1-2].

كما أن كلمة "قرآن"، تعني، أول ما تعني، "تعلم"، "تعلم أن ترى، وتيقظ وانتبه لتدرك جيداً ما يدور حولك في هذا العالم الشاسع".

ولعظم منزلة العلماء وعلو شأنهم عند الله تعالى، قال جلّ جلاله: ﴿يَرْفَعِ ٱللَّهُ ٱلَّذِينَ ءَامَنُوا۟ مِنكُمْ وَٱلَّذِينَ أُوتُوا۟ ٱلْعِلْمَ دَرَجَـٰتٍ﴾ (المجادلة-11). كما قال: ﴿هَلْ يَسْتَوِى ٱلَّذِينَ يَعْلَمُونَ وَٱلَّذِينَ لَا يَعْلَمُونَ﴾؟! (الزمر-9). وقرن العلماء بالله نفسه، والملائكة، في جدارتهم لإحقاق العدل بين الناس: ﴿شَهِدَ ٱللَّهُ أَنَّهُۥ لَآ إِلَـٰهَ إِلَّا هُوَ وَٱلْمَلَـٰٓئِكَةُ وَأُو۟لُوا۟ ٱلْعِلْمِ قَآئِمًۢا بِٱلْقِسْطِ﴾ (آل عمران-18).

وما ذلك، إلّا لأن العلم، يوصل صاحبه إلى معرفة الحقائق، ويجنبه الوقوع في المزالق، ويؤهله لنيل رضاء الخالق. .

لقد وعت المرأة المسلمة جيداً هذا المعنى البليغ للعلم في القرآن الكريم، وأحسنت الاستفادة إلى أبعد الحدود، من سعة آفاقه، وشحذت منتهى الهمم لكي تفرض مساهمتها إلى جانب الرجل على كافة الأصعدة، وكافة المجالات العلمية، والثقافية، والاجتماعية، والقضائية، والقانونية والسياسية، والأمثلة على ذلك تتزاحم:

فمنذ السنوات العشر الأولى للهجرة، استفاقت النساء المسلمات من غفوتهن، وهرعن للمشاركة جنباً إلى جنب مع الرجل في المناقشات التي كانت تدور في الجوامع. وبرزت بينهن العالمات في شتى العلوم، الدينية، والاجتماعية، والقانونية، والفقهية والصوفية، وغيرها... وقد عدد منهن ابن الحجار في كتبه الحياتية، ما يزيد على 1500 عالمة. وأثبتت المرأة المسلمة خلال ذلك العهد، عمق المؤهلات الفكرية، لدرجة أن كبار الوجوه من العلماء المسلمين، أمثال الزمخشري، وابن حجار،

والبغدادي وغيرهم، كانوا يدينون في شهرتهم العلمية إلى عالمات من مواطنيهم.

- **فعائشة**، ابنة الخليفة الأول، أبو بكر الصديق، وزوجة الرسول ﷺ، بلغ بها النبوغ درجة احتلت معها المرتبة الرفيعة بين أبرز وجوه العلماء والعالمات في ذلك العصر. وكان كبار مرافقي الرسول ﷺ يؤمونها لاستشارتها في أهم المواضيع القضائية والتاريخية والأدبية، التي تعصى عليهم، وحتى في الحالات الطبية.

- **ونوفية أو نفيسة**، ليس ثمة ما يدل على مكانتها وأهليتها العلمية، من أن الشافعي، عميد المذهب الرابع في الإسلام (الشافعية)، كان قد تتلمذ على يدها.

- **ورقية**، الابنة الصغرى لابن المزرعة، أصبحت ـ حسب ما جاء في الصفدي ـ من أشهر العالمات في التقاليد الدينية في عصرها، في كل من سورية ومصر.

- **وفاطمة**، ابنة جمال الدين الدمشقي، التي كانت قد حصلت في القرن السابع للهجرة على إجازات رفيعة المستوى في التعليم، في كل من سورية، والحجاز، وبلاد الفرس.

- **وكذلك، عائشة الباهونية**، التي يعود إليها الفضل في إعداد المجلدات القانونية والأدبية القيمة، ومجموعات

رفيعة المستوى من الفقه التشريعي، كما أنها أتت بابتكارات على درجة كبيرة من الأهمية، عادت بالنفع الكبير على الأمراء في ذلك العهد.

– وأم **هاني**، ابنة قاضي بن عطية، التي كانت تقوم بإلقاء المحاضرات، وتدوين الكتب في كافة فروع العلوم الدينية في المغرب.

– وتحت مظلة أكثر سيدات ذلك العصر أناقة ووجاهة، **سكينة**، بنت الحسين بن عليّ (كرم الله وجهه)، صهر الرسول ﷺ، أنشئت أشهر الصالونات الأدبية التي كانت تشكّل مراكز حقيقية للإشعاع الأدبي، والتي كانت تضم، إلى جانب بعض الأديبات من النساء، أكثر الأدباء الذائعي الصيت في ذلك العصر.

– وفي الموسيقى والشعرالغنائي، لا يحصى عدد النساء الشهيرات. نبغت منهن مئات المغنيات في عواصم بلدان الشرق الأوسط والأندلس، نلن إعجاب العالم أجمع.

هذا التألق في النبوغ الأنثوي في الفن والأدب، وجد جذوره في سعة الحريات التي تمتعت بها النساء في كل من بغداد، وغرناطة، وسورية، على وجه الخصوص، والعالم الإسلامي بمجمله، بشكل عام.

47

المساواة في الحقوق السياسية

كان للاسلام قصب السبق على الغرب باثني عشر قرناً، حين أعطى للمرأة الحق في أن تشارك في السياسة وصنع القرار كالرجل، دون تبعية لأحد. فكما أخذ الرسول البيعة من الرجال، أخذها من النساء. والبيعة هي بمثابة الانتخاب، لقوله تعالى: ﴿يَٰٓأَيُّهَا ٱلنَّبِيُّ إِذَا جَآءَكَ ٱلْمُؤْمِنَٰتُ يُبَايِعْنَكَ عَلَىٰٓ أَن لَّا يُشْرِكْنَ بِٱللَّهِ شَيْـًٔا وَلَا يَسْرِقْنَ وَلَا يَزْنِينَ وَلَا يَقْتُلْنَ أَوْلَٰدَهُنَّ وَلَا يَأْتِينَ بِبُهْتَٰنٍ يَفْتَرِينَهُۥ بَيْنَ أَيْدِيهِنَّ وَأَرْجُلِهِنَّ وَلَا يَعْصِينَكَ فِى مَعْرُوفٍ ۙ فَبَايِعْهُنَّ وَٱسْتَغْفِرْ لَهُنَّ ٱللَّهَ ۖ إِنَّ ٱللَّهَ غَفُورٌ رَّحِيمٌ ﴿١٢﴾﴾ (الممتحنة-12). وقوله: ﴿تَعَالَوْا۟ نَدْعُ أَبْنَآءَنَا وَأَبْنَآءَكُمْ وَنِسَآءَنَا وَنِسَآءَكُمْ وَأَنفُسَنَا وَأَنفُسَكُمْ﴾ (آل عمران: 61). وقوله: ﴿وَٱلْمُؤْمِنُونَ وَٱلْمُؤْمِنَٰتُ بَعْضُهُمْ أَوْلِيَآءُ بَعْضٍ ۚ يَأْمُرُونَ بِٱلْمَعْرُوفِ وَيَنْهَوْنَ عَنِ ٱلْمُنكَرِ﴾ (التوبة- 71).

وقد بايع الرسول النساء، كما بايع الرجال في بيعة العقبة، رغم خطرها في جنح الظلام من قريش. بيد أن المبايعة لم تكن بالمصافحة كما فعل مع الرجال، وانما كانت بإقرارها بنود البيعة.

وعانت النساء المسلمات في عهد النبوة كثيراً من الاضطهاد والمشقة، مما اضطرهن إلى الهجرة فراراً بهذا

الدين الحنيف، وتمسكاً به وحرصاً عليه. وكانت منهن مَن هي بنت زعيم من زعماء مكة، الذين يسومون المسلمين سوء العذاب. ومن النساء من هاجرن إلى الحبشة امتثالاً لإرادة الرسول، حين حلّ الأذى بالمسلمين، قائلاً لهم: "لو خرجتم إلى أرض الحبشة، فإن فيها ملكاً لا يظلم عنده أحد، وهي أرض صدق، حتى يجعل الله لكم مخرجاً مما أنتم فيه".

وجادلت إحدى النساء أمير المؤمنين (عمر بن الخطاب)، لما خطب في الناس ونهى عن المغالاة في مهورالنساء، وأنذر من زاد على خمسة وعشرين درهماً، ليأخذن ما زاد فيردنه إلى بيت المال. فلما أخذ طريقه إلى باب المسجد النبوي منصرفاً، تصدّت له من صف النساء امرأة قائلة: "ليس لك هذا يا عمر". فسألها: "ولمَ؟" أجابت: "لأن الله تعالى يقول: ﴿وَإِنْ أَرَدتُّمُ اسْتِبْدَالَ زَوْجٍ مَّكَانَ زَوْجٍ وَآتَيْتُمْ إِحْدَاهُنَّ قِنطَارًا فَلَا تَأْخُذُوا مِنْهُ شَيْئًا أَتَأْخُذُونَهُ بُهْتَانًا وَإِثْمًا مُّبِينًا ﴿٢٠﴾﴾ (النساء- 20). فقال عمر: "لقد أصابت امرأة وأخطأ عمر"، وصعد إلى المنبر وأعلن رجوعه عن حكمه...

وكذلك (خولة بنت ثعلبة) التي استوقفت عمر بن الخطاب وبعض أصحابه، فقالت له: "كنا نعرفك عميراً،

ثم أصبحت بعد عمير عمراً، ثم أصبحت بعد عمر أمير المؤمنين، فاتقِ الله يا عمر فيما أنت مستخلف فيه". وقد وقف عمر لهذه المرأة، وسمع مقالتها فبكى...

هذه المرأة من الرعية، تستوقف خليفة المسلمين، وهو في أوج حكمه لتذكره بماضيه، صبياً وشاباً ورجلاً وحاكماً لأمة محمد ﷺ... فهل بلغت أي امرأة هذه المنزلة في أي عصر من العصور...!؟

لقد مارست **حسنة** مهمة مستشار سياسي لزوجها مولاي ادريس في المغرب. وفي سنة 349 للهجرة، اعتلت **ساتي** العرش، وكانت المرة الأولى التي تصل فيها امبراطورة إلى سدة الحكم. وتلتها لاحقاً **شجرة الدر**، التي توّجت ملكة في القاهرة. أما الملكة **تانزو**، فقد اعتلت عرش كل من بلاد الفرس والعراق بآن واحد.

ولم تتورع المرأة المسلمة عن المساهمة في المعارك الحربية، ليس فقط كممرضة، بل أيضاً كضاربة بالسيف. ففي معركة اليرموك الشهيرة، برزت فجأة في الساعة الأخيرة، محاربة استطاعت أن توقع في صفوف العدو خسائر فادحة أدت إلى فشله، بعد أن كانت الكفة تميل إلى جانبه في إحراز النصر. و**غزالة**، والهزيمة النكراء التي أوقعتها بجيش أمية الحجار، أصبحت مثلاً...

المساواة في الحقوق الاجتماعية

وقد أعطاها الباري، سبحانه وتعالى الحق في المجادلة وإبداء الرأي والدفاع عنه، حتى أمام الرسول، في قوله تعالى: ﴿قَدْ سَمِعَ ٱللَّهُ قَوْلَ ٱلَّتِي تُجَٰدِلُكَ فِي زَوْجِهَا وَتَشْتَكِيٓ إِلَى ٱللَّهِ وَٱللَّهُ يَسْمَعُ تَحَاوُرَكُمَآ إِنَّ ٱللَّهَ سَمِيعُۢ بَصِيرٌ ١﴾ (المجادلة- 1).

لقد نزلت هذه الآية بعدما اشتكت إحدى نساء الصحابة لرسول الله "أن زوجها ظاهر منها" (أي يدير لها ظهره). ولم يكن قد نزل حكم في الظهارة. فجادلته في وضعها. فلما لم تجد ما يقضي به منه، اشتكت إلى الله عز وجل.. فنزلت سورة "المجادلة" وصدر فيها الحكم في المظاهرة: ﴿ٱلَّذِينَ يُظَٰهِرُونَ مِنكُم مِّن نِّسَآئِهِم مَّا هُنَّ أُمَّهَٰتِهِمْۖ إِنْ أُمَّهَٰتُهُمْ إِلَّا ٱلَّٰٓـِٔي وَلَدْنَهُمْۚ وَإِنَّهُمْ لَيَقُولُونَ مُنكَرًا مِّنَ ٱلْقَوْلِ وَزُورًاۚ وَإِنَّ ٱللَّهَ لَعَفُوٌّ غَفُورٌ ٢﴾ (المجادلة- 2) وفرضت عليه الكفارة بتحرير عبد إنْ أراد الاتصال بها من جديد.

المساواة بين الرجل والمرأة في العقاب

خلافاً للقوانين التي كانت سائدة في كثير من

المجتمعات، حيث كان يسود نوع من التمييز الفاضح في العقوبات التي كانت تطبق على الرجل والمرأة، فتطالها بشكل أشد ضراوة منه على الرجل، فالمرأة في الإسلام تعاقب وتجزى حسب عملها، على قدر سواء مع الرجل:

﴿كُلُّ نَفْسٍ بِمَا كَسَبَتْ رَهِينَةٌ ﴿٣٨﴾﴾ (المدثر- 38). أي أكانت النفس امرأة أو رجلاً.

﴿أَيَحْسَبُ ٱلْإِنسَٰنُ أَن يُتْرَكَ سُدًى ﴿٣٦﴾﴾؟ (القيامة- 36). أي كل إنسان، امرأة أو رجل.

وقد نص القرآن الكريم على تطبيق قانون القصاص، بحيث يشمل النساء أيضاً، بينما كان يطبق دونهن، على الرجال فقط: ﴿يَٰٓأَيُّهَا ٱلَّذِينَ ءَامَنُوا۟ كُتِبَ عَلَيْكُمُ ٱلْقِصَاصُ فِى ٱلْقَتْلَى ٱلْحُرُّ بِٱلْحُرِّ وَٱلْعَبْدُ بِٱلْعَبْدِ وَٱلْأُنثَىٰ بِٱلْأُنثَىٰ﴾ (البقرة ـ 178).

المساواة في عقوبة السرقة

وساوى كذلك بين الرجال والنساء في حالة السرقة: ﴿وَٱلسَّارِقُ وَٱلسَّارِقَةُ فَٱقْطَعُوٓا۟ أَيْدِيَهُمَا جَزَآءًۢ بِمَا كَسَبَا نَكَٰلًا مِّنَ ٱللَّهِ﴾ (المائدة-38). وكانت الحدود تطبق قبل الإسلام على النساء فقط.

(من الجدير بالملاحظة، أن هذا الحكم، الذي يراد منه في الواقع الردع أكثر منه الفعل، لم يفتأ المغرضون

أعداء الإسلام، يستغلونه أسوأ استغلال، لاتهامه بمعاداة حقوق الإنسان، علماً بأن كتب التاريخ لم تحدثنا عن مقطوعي الأيدي والأرجل، في أي حقبة من الزمن، منذ ظهور الإسلام، بل إنها ـ على العكس- تشهد على مظاهر السعادة والرفاهية، التي لم تذق طعمها الشعوب في أي عهد من العهود).

ويعود ذلك، إلى أن الإسلام قد حصّن المؤمن ذاتياً، ضد المخالفات لتعاليمه، ومنها السرقة، عن طريق الترغيب تارة، والترهيب تارة أخرى. هذا بالإضافة إلى عدم الحاجة إلى السرقة. فلقد أتاح الإسلام فرص العمل لجميع أفراد المجتمع، وحضّ أرباب العمل على دفع القسم الأكبر من أرباحهم إلى العامل، لأنها نتيجة لعمله، وأنذر الذين يسرقون حقوق العامل، بقطع أيديهم، إذا اضطر العامل أن يعود إلى السرقة. وحتى المحرومين من العمل، بسبب العجز، والفقراء والمساكين، فلم يكونوا بحاجة إلى السرقة؛ إذ جعل لهم الحق شرعاً في مال العاملين في استثمار ثروات الأرض، التي خلقها الله للناس أجمعين. وليس فقط لتأمين حاجاتهم الأساسية، بل والفرعية أيضاً. ﴿وَٱلَّذِينَ فِىٓ أَمْوَٰلِهِمْ حَقٌّ مَّعْلُومٌ ﴿٢٤﴾ لِّلسَّآئِلِ وَٱلْمَحْرُومِ ﴿٢٥﴾﴾ (المعارج: 24-25]).

المساواة في عقوبة الزنى

بينما كان عرب الجاهلية يئدون البنات خوفاً من العار، ويطبقون حكم الرجم حتى الموت على المرأة الزانية فقط، المنصوص عليه في العهد القديم، الآية رقم 10 من القسم 15 من (Levitique)، المنزل من الإله (Jehovah)، جاء أول حكم في الزنى في الإسلام، وهو الجلد للرجل والمرأة على السواء، وليس الرجم حتى الموت: ﴿ٱلزَّانِيَةُ وَٱلزَّانِى فَٱجۡلِدُواْ كُلَّ وَٰحِدٍ مِّنۡهُمَا مِاْئَةَ جَلۡدَةٍ﴾ (النور ـ 2).

ثم نسخت هذه الآية، وحلت محلها الآية 15 من سورة النساء، التي تخفف الحكم على النساء، وتقرنه بشرط يكاد يجعله مستحيلاً: ﴿وَٱلَّٰتِى يَأۡتِينَ ٱلۡفَٰحِشَةَ مِن نِّسَآئِكُمۡ فَٱسۡتَشۡهِدُواْ عَلَيۡهِنَّ أَرۡبَعَةً مِّنكُمۡ فَإِن شَهِدُواْ فَأَمۡسِكُوهُنَّ فِى ٱلۡبُيُوتِ حَتَّىٰ يَتَوَفَّىٰهُنَّ ٱلۡمَوۡتُ أَوۡ يَجۡعَلَ ٱللَّهُ لَهُنَّ سَبِيلٗا ١٥﴾ (النساء: 15).

ومن المؤكد أن اشتراط شهادة أربعة شهداء، على مشهد كهذا، يجعل تطبيق الحكم بمثابة المستحيل.

ثم خفف أيضاً عليهما معاً بقوله في الآية رقم 16 من السورة نفسها: ﴿وَٱلَّذَانِ يَأۡتِيَٰنِهَا مِنكُمۡ فَـَٔاذُوهُمَاۖ فَإِن

تَابَا وَأَصْلَحَا فَأَعْرِضُوا۟ عَنْهُمَآ ۗ إِنَّ ٱللَّهَ كَانَ تَوَّابًا رَّحِيمًا ﴿١٦﴾ (النساء: 16).

والأكثر من ذلك، فالآية رقم 60 من سورة النور، قد ذهبت إلى أبعد من ذلك، لقوله تعالى: ﴿وَٱلْقَوَٰعِدُ مِنَ ٱلنِّسَآءِ ٱلَّٰتِى لَا يَرْجُونَ نِكَاحًا فَلَيْسَ عَلَيْهِنَّ جُنَاحٌ أَن يَضَعْنَ ثِيَابَهُنَّ غَيْرَ مُتَبَرِّجَٰتٍۭ بِزِينَةٍ ۖ وَأَن يَسْتَعْفِفْنَ خَيْرٌ لَّهُنَّ ۗ وَٱللَّهُ سَمِيعٌ عَلِيمٌ ﴿٦٠﴾ (النور: 60).

ومن الجدير بالاهتمام، أن الآية الأولى المتعلقة بالجلد للنساء والرجال ما زالت هي المسيطرة على أحكام المسلمين، بينما أسدل ستار من الجهل على أحكام الآيتين رقم 15 و 16 من سورة النساء والآية رقم 60 من سورة النور. ويعود ذلك إلى أن التحالف الإسرائيلي العالمي الذي شكل عام 1860، والذي أنيطت به مهمة إدارة شبكة استعلامات للإشراف على كافة البرامج والعلوم، وتطبيقها في كافة بلدان البحر الأبيض المتوسط والشرق الأدنى والأوسط، هو الذي يستنبط الأحكام الخاطئة من العهد القديم، الذي هجره أتباعه أنفسهم، والشروحات البعيدة عن أهداف الدين الحنيف، للإساءة إلى الإسلام فقط، والتشهير به.

وفي معرض ذلك، فقد صان الله تعالى المرأة

وحماها من القذف، وفرض الرجم على من يتهمها بالباطل بقوله: ﴿وَٱلَّذِينَ يَرۡمُونَ ٱلۡمُحۡصَنَٰتِ ثُمَّ لَمۡ يَأۡتُواْ بِأَرۡبَعَةِ شُهَدَآءَ فَٱجۡلِدُوهُمۡ ثَمَٰنِينَ جَلۡدَةٗ وَلَا تَقۡبَلُواْ لَهُمۡ شَهَٰدَةً أَبَدٗاۚ وَأُوْلَٰٓئِكَ هُمُ ٱلۡفَٰسِقُونَ ٤﴾ (النور-4). وقال أيضاً: ﴿إِنَّ ٱلَّذِينَ يَرۡمُونَ ٱلۡمُحۡصَنَٰتِ ٱلۡغَٰفِلَٰتِ ٱلۡمُؤۡمِنَٰتِ لُعِنُواْ فِي ٱلدُّنۡيَا وَٱلۡأٓخِرَةِ وَلَهُمۡ عَذَابٌ عَظِيمٞ ٢٣﴾ (النور: 23).

وقد حذر الرسول من ضرب المرأة من قبل زوجها بقوله: "ألا يستحي أحدكم أن يضرب زوجته في النهار، كما تضرب البعير، ويجامعها في الليل؟" "خيركم، خيركم لأهله، وأنا خيركم لأهلي".

وقد عبر الرسول مراراً عن مشاعر الحب للمرأة لدرجة موازاتها لمشاعره تجاه الصلاة: "حبب إليّ من دنياكم ثلاث: الطيب والنساء، وقرة عيني في الصلاة".

(ومن الجدير بالذكر، أن هذه التهمة، تهمة ضرب المرأة من قبل الرجل، والتي تلصق بالإسلام، وإن كان لا ينكر ذكرها في القرآن، لإعادة المرأة الناشزة إلى الجادة المستقيمة فقط، فإن من النادر أن تنجو منها امرأة واحدة في البلاد الغربية، بل ولأتفه الأسباب. وإن مراكز الشرطة المكتظة بالنساء في كل حي،لأكبر شاهد على ذلك...).

الزواج وحقوق المرأة في الإسلام

ـ حقوق المرأة قبل الزواج

يقول غوستاف لوبون في كتابه "الحضارة العربية": "إلى العرب يعود الفضل في الشعور بالاحترام للمرأة في أوروبا، ومعاشرتها كإنسان محبوب ومقرب من القلوب". ويضيف: "إن ما أعطاها إياه الشرع في القرآن، يفوق إلى حد بعيد ما أعطتها إياه قوانين الغرب في الوقت الحاضر".

فكما ذكرنا، كانت المرأة تعتبر عبدة للرجل في كافة الأناجيل.

وفي مجتمعات ما قبل الإسلام، كالمجتمع اليوناني، لم يكن ينظر إلى المرأة على أنها "مصدر متعة"، إذ إن الشذوذ الجنسي كان طاغياً على ذلك المجتمع.

من المعروف أن معظم القبائل في الجزيرة العربية، كانت تحتقر المرأه، لأنها، حسبهم، عنوان العار والحمل الثقيل، الذي لا يفيد شيئاً. وكان العربي يتحير في أمره إن أنجب بنتاً "أيئدها في التراب أم يمسكها على مهانة؟!.." فأنذره الله تعالى في القرآن الكريم: ﴿وَإِذَا

ٱلْمَوْءُۥدَةُ سُئِلَتْ ﴿٨﴾ بِأَيِّ ذَنۢبٍ قُتِلَتْ ﴿٩﴾﴾ [التكوير: 8-9]؟!... كما ذكرنا.

وكانت المرأة في الجاهلية، تلقى من الذل والمهانة الشيء الكثير، وخاصة في العلاقات الجنسية التي كانت تقوم على البغاء، وعلى أنواع من الأنكحة لا تخرج عنه...

فحسب عائشة (رضي الله عنها)، كان هناك أربعة أنواع من الأنكحة: العادي، والاستبضاع من آخر، والجماعي (ما دون العشرة)، والمباح للجميع...!

ويكون الاستبضاع، كما هو الحال عند اليونان (اسبرطة)، بإعارة الزوجة إلى آخر، على أن يكون فحلاً، لتحسين النسل. وأما الجماعي من دون العشرة، فهي إذا ما حملت ووضعت، ترسل إليهم جميعاً بعد عدة أيام، وتذكر لهم ولادتها، ثم تختار أحدهم ممن أحبت، وتلصق الولد به، فلا يستطيع الرفض...! أما الأخير، فيكون بأن تفتح بابها للجميع، ولا تمتنع على أحد، وتنصب على الباب رايات بمثابة العلم. فإذا ما حملت ووضعت حملها، يكون الأب من يقع عليه الاختيار بالقرعة، أو بالتصويت. ولا يحق له أن يمتنع عن ذلك.

(أليس ذلك الوضع ـ مع ذلك- بأفضل من وضع

المرأة في الغرب، والتي تسمى بـ "الأم العزباء"، حيث لا تملك أن تفرض على أحد من عشاقها أن يلتزم بأبوّة المولود، فتضطر إلى أن تأخذ على عاتقها وحدها تربيته، أو تتخلى عنه، كما هو الحال في صغار السن، واللواتي لا يملكن ما يلزم لتربيته....!؟).

فلما بُعث الرسول ﷺ، هدم كافة الأنكحة الجاهلية، وأبقى على النكاح العادي فقط.

وقد كرّم الإسلام المرأة، قبل الزواج، بأن منحها الحق في اختيار الزوج، لقوله ﷺ: "لا تنكح الأيم حتى تستأذن، ولا البكر حتى تستأمر". فسأله أحد من الصحابة: "وكيف إذنها؟" أجاب: "أن تسكت". وقد عملت المرأة بهذا الحق ودافعت عنه بمنتهى الشجاعة.

فعن عائشة (رضي الله عنها)، قولها: "دخلت عليّ فتاة فقالت: إن أبي زوجني من ابن أخته، ليرفع بي خسيسه، وأنا كارهة. فقلت: إجلسي حتى يأتي الرسول، فجاء فأخبرته، فأرسل إلى أبيها، وطلب إليه أن يجعل الأمر في يدها. فقالت الفتاة: لقد أجزت ما صنع أبي، ولكن أردت أن أعلم النساء أن ليس للآباء من الأمر من شيء..." !

وقد رفضت (سلمى المخزومية)، أرملة الصحابي

الشهيد (عبد الله بن الأسد المخزومي)، كلاً من (أبي بكر)، و(عمر)، حين خطباها، واعتذرت حين خطبها المصطفى ﷺ بأنها مسنّة، ولها صبية صغار، وذات غيرة. فأرسل إليها جوابه: "أما أنك مسنّة، فإني أكبر منك، وأما الغيرة، فأرجو الله أن يذهبها عنك، وأما العيال، فإليّ وإلى الله".

والمهر متوجب على الرجل أن يقدمه لزوجته، تطييباً لخاطرها وتأليفاً لقلبها، إذ يقول الله تعالى: ﴿وَءَاتُوا۟ ٱلنِّسَآءَ صَدُقَـٰتِهِنَّ نِحْلَةً﴾ (النساء-4). والنحلة ما لا عوض عليه، أي ليس المهر مقابل الاستمتاع.. ويسمى صداقا، لأنه يدل على صدق رغبة الرجل في طلب زوجته. وفي الوقت الذي لم يسمح فيه بالتخلي عن المهر، لكي لا يسهل على الزوج الطلاق، بعد التمتع بالزوجة، وفقدان نضارتها وشبابها، فقد نهى عن المبالغة في المهور العالية، لتسهيل أمر الزواج، واتقاء آلاف المفاسد الاجتماعية، والأمراض النفسية الناتجة عن العزوبية. وكان النبي ﷺ أول من ترجمه إلى الواقع حين زوّج ابنته فاطمة من ابن عمه عليّ بن أبي طالب (كرم الله وجهه)، بمهر قدره 500 درهم، ثمن درعه الذي ألزمه على بيعه، على الرغم من أنه لم

يكن يملك غيره، وفرسه وسيفه، وذلك، لئلّا يدع للمسلمين سابقة بالتخلي عن مهور بناتهم...!

وقد ألحّ الرسول، في مناسبات عديدة، على العناية بالزوجة، وآخرها ورد في المقطع الأخير من خطبة الوداع، مكرراً لمرات عديدة. "لتخشوا الله في إعالتكم لزوجاتكم" ..

ويتوجب على الزوج العناية التامة بالزوجة. ويدخل في العناية، حسب المذهب المالكي: ثيابها، ومسكنها، ومأكلها وكافة متطلباتها، وحتى ما يلزم لتجميلها. كما يطالب الزوج بتقديم مساعدة لزوجته في تدبير منزلها.

وقد أمر الإسلام جميع المسلمين، أن يسألوا عن خلق الزوج ودينه، قبل أن يسألوا عن ثروته وماله.

وكثيراً ما يسخر الأغبياء والمغرضون من الإسلام، في معرض المهر، ويعتبرون المرأة بذلك بمثابة السلعة "تشرى بالمال" ... وإنني لأتساءل: أمن الأفضل لمكانة المرأة وأنوثتها، أن تشتري هي الرجل بالمال، بأن تدفع له "الدوطة"، وتقدم له المنزل والسيارة، مع زهرة شبابها، على طبق من الفضة، أم العكس؟!...

ويتوجب المهر على الرجل المسلم، في حالة الطلاق، أو الوفاة، لتعويضها عن شبابها الذي وهبته اياه،

ولتتمكن من أن تمارس حياتها من جديد، بالاعتماد على نفسها، لئلّا تضطر أن تنزلق في المزالق الخطرة...

حقوق المرأة بعد الزواج

أما بعد الزواج، فللمرأة على الرجل، أن ينفق عليها، حتى ولو كانت واسعة الثراء، لأنها قصرت نفسها على مصلحته، وذلك حسب الكتاب، والسنّة والاجماع، كما أن لها الحق بإرثه بعد وفاته.

أما الحقوق غير المالية، فمن حق المرأة أن تهنأ بحياة سعيدة، ولها على الرجل حسن المعاشرة ﴿وَعَاشِرُوهُنَّ بِٱلْمَعْرُوفِ﴾ (النساء: 19). وحثّ على الصبر عليهن في قوله تعالى: ﴿فَإِن كَرِهْتُمُوهُنَّ فَعَسَىٰٓ أَن تَكْرَهُوا۟ شَيْـًٔا وَيَجْعَلَ ٱللَّهُ فِيهِ خَيْرًا كَثِيرًا ﴿١٩﴾﴾. وعلى الزوج صيانتها، وحفظها من كل ما يخدش شرفها، أو يحط من قدرها.

وللمرأة الحق في الاستمتاع كالزوج: ﴿وَٱلَّذِينَ هُمْ لِفُرُوجِهِمْ حَـٰفِظُونَ ﴿٥﴾ إِلَّا عَلَىٰٓ أَزْوَٰجِهِمْ أَوْ مَا مَلَكَتْ أَيْمَـٰنُهُمْ فَإِنَّهُمْ غَيْرُ مَلُومِينَ ﴿٦﴾﴾ [المؤمنون: 5-6].

وقد نهى الرسول عن المبالغة في الصيام والصلاة،

مراعاة لحقوق الزوجة على الزوج: فعن عبد الله بن عمر بن العاص قال: قال لي رسول الله: "يا عبد الله، أخبرت أنك تصوم النهار وتقوم الليل"، فقلت: "بلى يا رسول الله" قال: "فلا تفعل، صم وافطر، وقم ونم؛ فإن لجسدك عليك حقاً، وإن لدينك عليك حقاً، وإن لزوجك عليك حقاً، وأنه بحسبك أن تصوم كل شهر ثلاثة أيام، وأن لك بكل حسنة عشرة أمثالها، فذلك بمثابة صيام الدهر كله".

ولشدة رعاية الإسلام لسعادة المرأة، لم يكلفها بأي جهد في رعاية شؤون بيتها، بل أوجب على الزوج تأمين من يقوم بخدمتها، كما لم يكلفها بإرضاع طفلها، لعدم إرهاقها. ولذا كانت المرأة ترفل في ثياب العز والكرامة، وتسبغ السعادة والطمأنينة على الأسرة الإسلامية، ولم يكن هناك حاجة إلى الجلد، أو الحجز، أو العقاب للطرفين، لعدم وجود الزاني والزانية في الأسرة الإسلامية قبل غزوها من جواري الفرس والروم، الذي أدى بالمرأة المسلمة إلى الانعزال والانحطاط كما سنرى فيما بعد.

ويرى الحناف أن المرأة تطلّق بمجرد انقضاء أربعة أشهر على غياب زوجها، لعدم الاستهتار بمشاعرها.

الإسلام والطلاق

إذا ما عدنا إلى العهود السالفة قبل الإسلام، فإننا ندرك أن الطلاق كان من صلاحية المرأة، وليس الرجل.

ويروى على لسان بعض المؤرخين، أن العادات التي كانت سائدة في تلك العهود، كانت تفرض على الرجل، إذا ما عاد إلى بيته، ووجد باب خيمته رأساً على عقب، أن يفهم من ذلك، أنه ممنوع من الدخول، سواء أكان ذلك لمدة محدودة أو نهائية.

وعلى مشارف الإسلام، كان الرجل إذا ما طلق زوجته، يدعها دون أن يؤمِّن لها ما تسد به رمقها. ولم تكن لتملك أي حق تجاهه. كما كان بإمكانه أن يطلق متى شاء وبالقدر الذي يشاء.

أما الإسلام، فصحيح أنه قد أباح الطلاق، وخاصة في الحالات التي تستحيل معها الحياة، إلّا أنه جعله أكره الحلال إلى الله: أكره الحلال إلى الله الطلاق (النساء). ونظراً لحكمة الخالق، وحرصه على ألّا يتداعى البيت على رؤوس الأطفال لأتفه الأسباب، أناط المولى بالرجل هذا القرار، لما هو معروف عنه، من شدة صبره وتحمّله

وعدم تسرعه، على عكس ما تتحلى به المرأة، في الغالب، من تلك الصفات.

إلّا أن هذا لا يمنع أن الإسلام أعطى المرأة الحق في فسخ الزواج، إذا كانت في الزوج عيوب فاحشة تستحيل معها مواصلة الحياة للزوجين معاً، كالقمار، والادمان على الخمر، أو العجز الجنسي، أو العجز في الإنفاق، أو الاصابة بأحد الأمراض المعدية، أو الغياب الطويل مع انقطاع الأمل بالعودة. ويحق للقاضي في هذه الحالات تطليق الزوجة، لرفع الضيم عنها.

إلا أن الطلاق، لم يعد في الوقت الحاضر مقتصراً على المسلمين، والحالات التي ذكرناها، وإنما، مع فرض الزواج المدني في معظم بلدان العالم، فقد شمل كافة الأديان والمعتقدات، وأصبح شائعا لأتفه الأسباب. كما أن وجود الأطفال، الذي كان يحد، في السابق من تهور كلا الطرفين، ويعتبر بمثابة صمام الأمان لمتانة العائلة، وعدم تداعيها أمام العواصف، أصبح في الوقت الحاضر، لا يحسب له وزن ولا يراعى له حساب، أمام شدة المشاعر الهوجاء، التي تضطرم نيرانها لدى الطرفين، وأحياناً تحت تأثير المخدرات، والمشروبات الروحية، التي انتشرت على نطاق واسع في كافة المجتمعات.

وهكذا، أدى فقدان الاتزان إلى الاستهتار نهائياً بمصير الأطفال، بل إلى التخلي عنهم أحياناً من قبل الأبوين معاً، وهم في أعوامهم الأولى...

مما لا شك فيه، أن الطلاق كان وما زال، أكبر آفة تصيب المجتمع "فالمجتمع السليم في البيت السليم". لذا من المحتم أن يؤخذ معه جانب كبير من الحيطة والحذر. ومن آثاره على الأطفال الذين سيكونون عماد المجتمع في المستقبل:

- حالة القلق والخوف، من المعاناة التي يعيشونها، وهم يتقلبون من يد الأم إلى يد الأب، وما يشاهدون من دعاوى ومشاكل وضياع.

- اختلاف التربية، مع تنقلهم من طرف إلى آخر، فيفقدون الطريق الصحيح الذي سيسلكونه قي الحياة، ويصبحون معرضين للإصابة بازدواج الشخصية، وبقية الآفات النفسية.

- الفشل في الدراسة، لعدم القدرة على التركيز والفهم، وبالتالي الفشل في الحياة.

- هذا ناهيك عن الآثار التي تترتب عليهم جراء تحويلهم إلى وسيلة للانتقام من كلا الأبوين. وكما يقول المثل: "الآباء يأكلون الحصرم والأبناء يضرسون به!"

الإسلام وتعدد الزوجات

أما تعدد الزوجات، المنتشر عند العرب منذ القدم، وبلا حدود، فقد كان مباحاً في كافة الشرائع، حتى المسيحية. فالاقتصار على واحدة لم يكن إلّا في عهد (شارلمان)، الذي كان متزوجاً بأكثر من واحدة، ثم أشار عليه القساوسة، أن يختار زوجة واحدة منهن، وأن يدع الأخريات كأخدان، أي عشيقات..!

ويقول جرجي زيدان: "إن النصرانية، ليس فيها نص صريح يمنع أتباعها من التزوج من امرأتين فأكثر، ولو شاؤوا لكان تعدد الزوجات جائزاً عندهم.

وحسب العهد القديم، فان سيدنا سليمان عليه السلام، كان له 700 زوجة و300 عشيقة (الملك- القسم العاشر الآية رقم -1-)...!

ومن دواعي السماح بتعدد الزوجات قبل الإسلام، دون حدود، السماح للقبيلة الصحراوية بدعم أهميتها، وربط عرى الوصل مع القبائل الأخرى، وزيادة نفوذها الحربي، بفضل الأعداد الوفيرة من الأنجال، وتعويضاً، في الوقت نفسه، عن الخسائر في الأرواح نتيجة لحروبهم فيما بينهم، ولهجراتهم المستمرة.

ومع انتشار الإسلام، حدد القرآن الكريم عدد الزوجات بأربع نساء، وفرض على الزوج الشرط القاطع، بأن يعاملهن بالعدل، وعلى قدر المساواة، وإلّا، فلا يحق له أن يتزوج إلّا واحدة، لتلافي كل شكل من أشكال الظلم، لقوله تعالى: ﴿فَٱنكِحُواْ مَا طَابَ لَكُم مِّنَ ٱلنِّسَآءِ مَثْنَىٰ وَثُلَٰثَ وَرُبَٰعَۖ فَإِنْ خِفْتُمْ أَلَّا تَعْدِلُواْ فَوَٰحِدَةً﴾ (النساء-3). وقد أضاف في السورة نفسها، الآية رقم 129: ﴿وَلَن تَسْتَطِيعُوٓاْ أَن تَعْدِلُواْ بَيْنَ ٱلنِّسَآءِ وَلَوْ حَرَصْتُمْۖ﴾، مما يدل على تفضيله الواحدة فقط، بل ونفيه تعدد الزوجات، لاستحالة العدل بينهن...

ومع ذلك، فلم يتوان الغرب المتطور عن توجيه النقد اللاذع لتعدد الزوجات في الإسلام... ويفضل عليه تعدد العشيقات. اللواتي لا تتمتعن بأي حق على الرجل يضمن مستقبلهن.!

ومن الملاحظ تاريخياً ضآلة نسبة تعدد الزوجات بين الأزواج في صدر الإسلام. وتتساءل الكاتبة الألمانية (هونكه)، في كتابها "شمس الله تشرق على الغرب" بقولها: "من كان يستطيع ـ من دون الأغنياء- أن يمنح نفسه هذا الترف، بإطعام عدد من النساء، وإكسائهن، وإسكانهن؟!"...

كما أن الناحية المالية ليست كل شيء. فالعربي
الأصيل، المشبع بمبادئ الإسلام، لا يتزوج إلّا محبوبة
قلبه، ويبقى مخلصاً لها إلى أن يموت، ولم يطعن قلبها
بالضرة، وهي تبادله ذات الحب والاخلاص..."

التسري في الإسلام

أما "ما ملكت أيمانكم"، أي التسري، فالحكمة
منه:

– القضاء على الرقّ، لأن سيدها إذا ما استأثر بها
لنفسه، فإنها تنجب أحراراً. وبمجرد إنجابها منه تصبح أم
ولد، ولا يصح له أن يهبها أو يبيعها، أو يزوجها لغيره،
وتعتق فور موته.

– وهو بذلك يمنعها من إنجاب العبيد، لأنه إذا ما
زوّجها لعبد، أو سيد، فإن أولادها يكونون أرقاء، حيث
أن الأولاد يتبعون أمهم في الرق والحرية.

– انه يرفع عنها نير العبودية ويكرمها.

– يؤمن لها راعياً يحصنها من الفحشاء والمنكر.

المرأة والحجاب في الإسلام

أما عن حجاب المرأة المسلمة فقط، والذي أصبح

منذ أواسط عام 2003، من أخطر المشاكل التي يعانيها العالم، (قبل الحروب الضارية التي تندلع فيه من كل حدب وصوب، والجوع والموت جوعاً، الذي ينهش بأنيابه ما يزيد على ثلاثة أرباع المعمورة، وقوانين الغاب التي تعيث فساداً وقتلاً للأبرياء في كل مكان)، لدرجة أن فرنسا، البلد الذي يحمل مشاعل الحرية، والعدالة والمساواة، استنفرت بكافة كبار كتّابها، ووسائل إعلامها، حتى رئيس دولتها لنزع الحجاب عن الفتيات المسلمات، ولترفع بذلك عنها هذا العار الذي ألحقه بها، وبديموقراطيتها، وقوانين الجمهورية والعلمانية فيها. علماً بأنه ليس مستحدثاً فيها بين النساء المسلمات، ولا المسيحيات الفرنسيات. وخاصة اليهوديات، حيث ما زالت تحجّب الطفلة لدى عدد كبير من العائلات اليهودية حتى الآن، منذ خطوتها الأولى، دون أن تتعرض لأي اعتراض من المسؤولين ووسائل الاعلام.. !

ومن المعروف، أن الحجاب كان سائداً في فرنسا بين النساء غير المسلمات، ولم ينزع إلّا منذ خمسين عاماً حين غزتها الثقافة الأميركية، مع غزوها الاقتصادي بعد

الحرب العالمية الثانية... ومن الجدير بالذكر، أنه لم يكن يمنع فرنسا من أن تتصدر البلدان الأكثر تطوراً في العالم في ذلك الحين...!

فما هو الحجاب في الإسلام، وما هي طبيعته، وهل يعود إلى طابع ديني محض، أم لمجرد زي مرتبط بالعادات والتقاليد، وما هو دوره في تطور الشعوب، أو عدمه؟!..

كلنا يعلم أن الله سبحانه وتعالى، أراد من جملة أوامره ونواهيه، في كافة الكتب السماوية، بما فيها القرآن، صيانة المجتمع وحفظه من كل ما يهدده من عوامل الفساد والانحلال. ولذا جاءت دعوة النساء في القرآن إلى تحاشي كل مظهر من مظاهر الإثارة والتبرج. إلّا أنه في دعوته المؤمنين إلى التمسك بالحشمة والحياء والتواضع، اتجه إلى الرجال قبل النساء: ﴿قُل لِّلْمُؤْمِنِينَ يَغُضُّوا مِنْ أَبْصَـٰرِهِمْ وَيَحْفَظُوا فُرُوجَهُمْ ۚ ذَٰلِكَ أَزْكَىٰ لَهُمْ ۗ﴾ (النور- 30).

وأضاف فقط على النساء، أن يضربن بخمرهن على جيوبهن: ﴿وَقُل لِّلْمُؤْمِنَـٰتِ يَغْضُضْنَ مِنْ أَبْصَـٰرِهِنَّ وَيَحْفَظْنَ فُرُوجَهُنَّ وَلَا يُبْدِينَ زِينَتَهُنَّ إِلَّا مَا ظَهَرَ مِنْهَا ۖ وَلْيَضْرِبْنَ بِخُمُرِهِنَّ عَلَىٰ جُيُوبِهِنَّ ۖ﴾ (النور- 31).

في الواقع، أن الحجاب لم يرد ذكره في القرآن الكريم، على النحو المتّبع في العادات القديمة والديانات الوثنية، كالقناع من الرأس حتى القدمين، والذي ربما ألزمته ظروف اجتماعية، وعدوانية محددة. وإنما ورد ذكره برد الخمار على الصدور، التي كانت مكشوفة حينذاك حتى أسفل الصدر، بقوله تعالى في الآية 31 من سورة النور. وقد اختلف الفقهاء في مفهوم الخمر، هل تعني العباءات أم المشالح. إلّا أن جملة "ما ظهر منها" تعني أن من الزينة ما ليس ممنوعاً من الظهور.

وقد شدد القرآن الكريم، بصورة خاصة، على نساء الرسول، بقوله تعالى: ﴿يَٰنِسَآءَ ٱلنَّبِيِّ لَسۡتُنَّ كَأَحَدٖ مِّنَ ٱلنِّسَآءِ﴾ (الأحزاب-32). وقوله: ﴿يَٰٓأَيُّهَا ٱلنَّبِيُّ قُل لِّأَزۡوَٰجِكَ وَبَنَاتِكَ وَنِسَآءِ ٱلۡمُؤۡمِنِينَ يُدۡنِينَ عَلَيۡهِنَّ مِن جَلَٰبِيبِهِنَّۚ ذَٰلِكَ أَدۡنَىٰٓ أَن يُعۡرَفۡنَ فَلَا يُؤۡذَيۡنَۗ﴾ (الأحزاب ـ59).

والقرآن، الذي فرض البيعة على المرأة، وطالبها أن تشارك بالعمل السياسي، وفرض عليها العلم كالرجل، وطالبها كبار الفقهاء أن تعمل كقاضية لفرط حساسيتها، كما ذكرنا، لم يطلب منها أن تحجّب وجهها ولا أن تنعزل عن العالم الخارجي. وحين توجه بالطلب إلى نساء النبي بالتزام بيوتهن، بقوله تعالى: ﴿وَقَرۡنَ فِي بُيُوتِكُنَّ وَلَا

تَبَرَّجۡنَ تَبَرُّجَ ٱلۡجَٰهِلِيَّةِ ٱلۡأُولَىٰۖ وَأَقِمۡنَ ٱلصَّلَوٰةَ وَءَاتِينَ ٱلزَّكَوٰةَ وَأَطِعۡنَ ٱللَّهَ وَرَسُولَهُۥٓ﴾، إنما أراد الله بذلك قوله: ﴿لِيُذۡهِبَ عَنكُمُ ٱلرِّجۡسَ أَهۡلَ ٱلۡبَيۡتِ وَيُطَهِّرَكُمۡ تَطۡهِيرٗا ٣٣﴾ (الأحزاب-33).

وحين أمر الرسول النساء أن تخرج في الفطر والأضحى ليشاهدن دعوة المسلمين، قالت له أم عطية الانصارية: "يا رسول الله، إن إحدانا ليس لها حجاب"، قال: "لتلبسها أختها من جلبابها". أي كان هناك من لم تلبس الحجاب، كما أن ليس في جواب الرسول ما يستهجن ذلك...

وقد اختلف الفقهاء في تحديد مفهوم المفاتن التي يجب حجبها. فالرسول ذكر الصدر، إلّا أن بعض العلماء المتشددين، قرروا بحدة أن الوجه أيضاً لا بد من اخفائه لأنه يندرج ضمن المفاتن.

وكل ما تقدم لا يمنع، من أن غطاء الرأس كان، في بعض البلدان، وخاصة الشديدة الحرارة، ذا صلة أكثر رساخة بالعوامل الطبيعية والعادات والتقاليد في تلك البلدان منها بالإسلام.

فالمرأة العربية والمسلمة في قراها، والعاملة إلى جانب الرجل في الحقول والمزارع، تزرع وتفلح وتجني

المحاصيل، لـم تكن لتعرف الحجاب ولا الضرة ولا الحريم، حسب المؤرخة الألمانية (هونكه)، ولم تكن مضطهدة ولا مستعبدة، ولم تصبح كذلك إلّا بعد أن كبّلها المتشددون بالقيود، مع الرياح التي هبت عليها من الشمال، مصحوبة بالهدايا التي أغدقت على الخلفاء من العبيد والمحظيات والإماء..!

الرياح المؤذية من الشمال

يعود السبب في ذلك التشدد الذي فرض على المرأة المسلمة- في الواقع ـ إلى الرياح المؤذية التي هبت من الشمال على البلاط العباسي في بغداد. فمع توسع الإسلام، وتوافد العبيد من النساء اليونانيات والفارسيات بكثرة إليها، واللواتي أصبحن محظيات للخلفاء وأمهات لأولادهم، غزا الحجاب والحريم شيئاً فشيئاً العالم العربي والإسلامي، ولم يبق من دور فعال للمرأة إلّا من خلال النماذج التي كانت تستخدم الفتنة والاغواء وأشكال الترف واللهو في قصور الخلفاء.

ويروى عن المتوكل، أنه أهدي إليه ـ في يوم واحد- إحدى وعشرون ألف جارية، بنى لهن القصر الجعفري،

الذي ضاقت به مقاصير الخلافة في بغداد. ويروى عن الرشيد، أنه أهديت إليه مئة ألف جارية من المغنيات وساقيات الشراب، في أحسن زي. فسمعت زوجته زبيدة بالخبر، فالتهب صدرها غيرة، وخرجت هي الأخرى، مع ألفي جارية، عليهن غرائب الثياب، ينشدن أناشيد اللوم والعتاب. وقد طرب الرشيد لما سمعه، وقام لاستقبال زوجته ومن معها من الجواري، وقال: "انني لم أر يوماً كهذا". وأصدر الأوامر إلى أحد رجاله بقوله: "لا تُبقِ في بيت المال درهماً إلّا نثرته". فكان مبلغ ما نثره يومها ستة آلاف درهم...

وقد استغل بعض المستغربين هذه الظاهرة للنيل من العرب والمسلمين، مدّعين أنهم سبوا العدد الكبير من الجواري من بلاد الفرس والروم والبربر والترك، وفي الحقيقة أن هذا العدد الكبير من الجواري هن اللواتي سبين العرب والإسلام، حسب الكاتبة (هونكه)..!

وانطلقت روح الجاهلية، لتطلق العنان لعنصرية الرجل ونرجسيته، ليغتصب حقوق النساء، مستغلاً التفسير الخاطئ لعبارة "وقرن في بيوتكن"، الموجهة لنساء النبي، كما ذكرنا. وانزوت المرأة ضمن أقبية المنازل، وخلف شبكة نوافذ المشربيات، وانتهت فترة تفاعلها مع الحياة العامة،

التي ابتدأت مع صدر الإسلام حتى عصر هارون الرشيد،
وأخفت وجهها بالأحجبة الكثيفة، التي اعتادت عليها في
بعض البلدان، قبل الإسلام، واختفت كلية من الحياة
العامة. . .

إن اختلاط الدم بشكل اعتباطي، دون مراعاة لأي
اعتبار وراثي أو أخلاقي، مع تفشي انهيار القيم الأخلاقية
للنساء، تمثلاً بالمحظيات، دعّم من شرعية الحجاب،
وسلب المرأة حريتها واستقلالها خلف جدران الحريم،
(النمط الفارسي)، وتحت رقابة الخصيان، حسب (العادة
البيزنطية)، وفضلت عليها بنات الهوى المغريات
الساحرات، مما جعل النساء من الطبقات الراقية في
المدن الكبرى، تحذو حذوهن، وانخرطن في حياة اللهو
والعبث، متخفيات بالحجاب، الذي أصبح مستساغاً
لديهن، بينما كان بمثابة السيف القاطع لإبعاد المرأة جملة
وتفصيلاً، ونفيها الفظّ من الحياة العامة، وأصبح تعدد
النساء، بشكل اعتباطي قاتلاً لها، فجلب الأنظار بشكل
وهاج لخيالات الأوروبيين المغرضين وأفكارهم.

ومهما يكن من أمر، فموضوع الحجاب، وإثارته
بمثل هذا التطرف، معه أو عليه، ليس إلّا مجرد حجة،
يقصد من ورائها الوصول إلى أبعاد أكثر خطورة للنيل من

الإسلام بالذات من كل الجهات...! وإلّا فما الداعي لكشف ستر النساء المسلمات بالقوة عمن تريد الستر في الوقت الذي تتمتع فيه المرأة، بموجب قانون الجمهورية والعلمانية، بمطلق الحرية بأن تفعل بجسمها ما تشاء، لا يحدها حد ولا وازع، من أن تخرج شبه عارية، أو أن تضاجع من تشاء، في أي مكان تشاء وأي وقت تشاء...! هذا من ناحية. ومن ناحية أخرى، فالحرية الدينية، هي ككل الحريات، من الدعائم الأساسية لحقوق الإنسان. وبما أن لكل امرئ مطلق الحرية في أن يمارس معتقداته بكافة مظاهرها، فسلخ الحجاب بالقوة عن رؤوس الفتيات اللواتي يتخذنه نوعاً من العبادة، هو بمثابة أكبر سلب لحريتهن الدينية، وبالتالي لحقوق الإنسان. كما أن من شأنه أن يغذي مشاعر العنصرية والتشدد من بعض المتشددين، مع كل ما من شأنه أن يرافقها من مظاهر العنف والارهاب...!

هذا، وكلنا يعلم أن الحجاب لم يمنع المرأة الايرانية من أن ترشح نفسها إلى انتخابات رئاسة الجمهورية، ولا المرأة المسلمة في الباكستان وغيرها من أن تتبوأ مركز رئاسة الوزراء منذ زمن بعيد، قبل المرأة الحديدية البريطانية، ولا من الوصول إلى أعلى المراكز، في قسم

كبير من البلدان الإسلامية، ولا حتى أن تنال قصب السبق في الألعاب الأولمبية، لشهر آب 2004...!

وبالمقابل، فإن كان من المؤكد أن الحجاب لم ولن يبلغ به الأثر أن يعرِّض الجمهورية الفرنسية للخطر، فمن البديهي أيضاً، أن كرامة المرأة، وجديتها، وجدارتها بتحمّل المسؤولية، ذات صلة وثيقة بذاتها وشخصيتها وعلمها، أكثر منها بقطعة القماش التي تحجب رأسها...!

انسدال الستار على دور المرأة المسلمة

يبدو بشكل جلي، بعد كل ما تقدم، أن النماذج التي كانت تحتذى كمثال للمرأة في الإسلام، تنتسب إلى صدر الإسلام وليس إلى عجزه. ومما زاد إلحاق الاهانة بها، منذ بداية عصور التفكك، ظهور الانقسامات بين أوصال الدولة الواحدة، بين (أبو العباس)، وأخيه (أبو جعفر المنصور) من جهة و(محمد بن الحسن) من جهة أخرى. وهدف كل منهما إلى تأكيد قرابته من الرسول، وبالتالي أحقيته بتولي الخلافة. وفيما فاخر الأخير بانتمائه إلى "فاطمة"، و"خديجة"، جاءت إجابة أبي جعفر لتلحق الاهانة الكبرى بالنساء بقوله: "ولم يجعل الله النساء

كالعمومة". ومن هنا بدأ أتباعهم يتناولون المرأة بالاهانة.

وهكذا، بعد القرن الثالث للهجرة، انقضى دور المرأة الريادي، بالقضاء على الأخلاق والشيم النبيلة التي جاء بها الإسلام، والتي غيرت وجه التاريخ والأحداث. ولم يأت العصر العباسي، الذي بلغت فيه الحضارة العربية أوجها، على ذكر امرأة واحدة، حكمت تلك البلاد، أو بلغت مبلغاً مرموقاً في الأدب والفلسفة، والطب وسائر العلوم... وهكذا إلى أن جاء وقت أصبحت فيه المرأة "عورة"، "قاصرة العقل"، متهمة بالكيد مع الفتنة والاغراء... كبقية الديانات السابقة!

وبالمقابل، فإن الجوانب الثورية في الدين عموماً مثل الحرية، والابداع، والتطوير والعدل، والتصدي لصور الاستغلال والتسلط، قد أسدل عليها الستار الكثيف، ليحل محلها الحصول على المزيد من الامتيازات والمكاسب، وكل ذلك باسم الدين..!

وجاءت حركات التجديد والاصلاح الديني لتحرير المرأة، ورفضها لصور الاستغلال والاستعباد، من محمد عبده، والأفغاني والكواكبي، الا أنها سرعان ما أجهضت بحركات أخرى منها: "حركات التحرر النسائية" الموجهة من الغرب، والتي اتخذت من الحضارة الغربية منطلقا

لتحريرها . لقد كان ذلك نتيجة طبيعية لسنوات الاستعمار
السياسي، الذي اعتمد على الاستعمار الثقافي، لتطويع
نفسية المرأة المسلمة، حتى أصبحت تتخذ من الغرب
النموذج، وانفصلت عن واقعها الاجتماعي، وعن الخط
الصحيح الذي جاء به الإسلام[1]. وجاءت دعوات

---

(1) فحسب الكاتبة المصرية، عائشة عبد الرحمن، الملقبة بـ (بنت
الشاطئ)، في كتابها: "الإسلام والمرأة الجديدة"، أن أسباب
الانحراف في مصر تعود إلى تغلغل الجاليات الأجنبية في مجال
تعليم البنات، والتي تحمل إرساليات دينية من كل جنس وملّة .
وقامت بتأسيس مدارس لهن، من ثغور الدلتا والاسكندرية
وبورسعيد، إلى الصعيد الأعلى، إلى جانب ما أنشأته من مدارس
للبنين، ومدارس مختلطة للبنين والبنات . وكان يقوم بالتدريس فيها
رهبان وراهبات، ومبعوثو الإرساليات التبشيرية والعلمانية . ولم
تقتصر على تعليم أبناء الجاليات الأجنبية، بل فتحت أبوابها
للمصريين والمصريات، الأقباط والمسلمين . وقد تخرجت من هذه
المدارس الطلائع الحديثة من المتعلمات بمصر، اللواتي تصدرن
تعليم البنات من جيل الرائدات والطلائع الحديثة، بمؤازرة سلطة
الاحتلال الإنكليزي . فظهر منهن المتأمركات والمتفرنجات
والمتحذلقات، فكان أن انحرفت المسيرة عن مسارها القومي،
وأصولها الإسلامية التي قامت عليها دعوة رواد اليقظة .
في هذا الجو الموبوء بآفة الشعور بالنقص، وعقدة الفرنجة، التقت
بنات الكتاتيب والمدارس الوطنية المتواضعة، بالأرستوقراطية

المستشرقين المغرضين، ليلحقوا بالدين الإسلامي الحنيف

= المتفرنجة من بنات الليسيه، والراعي الصالح... وحصل بذلك الخليط الشاذ المتنافر، الذي قاد إلى دروب متباعدة، متفرقة، فسرنا "طرائق قدداً".

فكان أن التبست، المحافظة بالرجعية، والأصالة بالجمود، والتخلق بالمبادئ الإسلامية بالتخلف....! كما تشابه الأمر علينا في الحدود الفاصلة بين، التحرر والاباحية والتبذل، بين المساواة والمسخ، بين حرية المرأة في العمل والفكر والرأي، وحريتها بجعل نفسها تحت تصرف كافة الرجال... فمن جهة نحن ربيبات الشيوخ والمدارس الوطنية، نرى في العصريات المتأمركات دمى مزوقة بلهاء، ويرين فينا، من جهة أخرى، بقايا متخلفة من عصر الحريم.... واختلفت الموازين، واضطربت المقاييس، فضلت المفاهيم ضلالاً بعيداً.

ولم يكن غريباً أن تظهر فينا اليوم دعوات إلى التمرد على مجتمع الرجال وتحرير المرأة الجديدة من الأعراف والتقاليد الموروثة، فيما يشبه رجع الصدى للأصوات التي رجت عالم الحريم؛ ولا عجب أن يظهر في الجبهة المقابلة من يضيقون ذرعاً بهذا الفهم الممسوخ، لما يعرف اليوم بحقوق النساء، ويتداعون للنظر في وضع المرأة في المجتمعات الإسلامية، على أمل أن تستقيم مسيرتها وتتزن خطاها(*)...

(*) كانت هذه فحوى مقابلة إذاعية أجرتها إذاعة "مونت كارلو" في باريس مع الكاتبة، بتاريخ 1/ 1/ 2004.

السبب في تخلف المرأة المسلمة، وليجعلوا من هذا الدين، الذي أشاع بنوره على العالم الغربي الذي كان يغط قبله في ظلام الجهل والانحطاط، جعلوا منه مصدر الظلامية والخمول.

أمثلة من أعيان النساء
(قبل الإسلام وفي صدره وبعده)

لا ينبغي أن يغيب عن وعي المرأة المسلمة الحديثة، ما منّ الله عليها، من أن هناك أمهات عهد اليهن بحصانة من اصطفاهم لرسالاته الكبرى، والقيام على تربيتهم في مرحلة التأثير والتوجيه.

فمن تاريخنا القديم:

– (أم إسماعيل) **"هاجر المصرية"**، جارية **"سارة"**، امرأة ابراهيم عليه السلام.

لقد كانت " سارة" عجوزاً عاقراً، فشعرت أن عليها أن تهب زوجها جاريتها الشابة، عسى أن تهبه ولداً، فيكف عن التعلق بالولد. فلما حملت هاجر منه، ووضعت ابنه (إسماعيل) **"هاجت غيرة سارة"**، فأبت أن يظلها وجاريتها ووليدها سقف واحد. فخرج بهما من أرض كنعان، إلى حيث تركهما عند بقايا البيت العتيق، وهو يومئذ بواد موحش مقفر، وترك لهما قليلاً من الماء

83

والزاد. سألته الأم، وقد روعتها وحشة المكان: "ألله أمرك بهذا؟! قال: "نعم"، قالت: "فالله لا يضيعنا". ومضى من حيث جاء وهو يدعو ربه:

﴿رَّبَّنَآ إِنِّيٓ أَسۡكَنتُ مِن ذُرِّيَّتِي بِوَادٍ غَيۡرِ ذِي زَرۡعٍ عِندَ بَيۡتِكَ ٱلۡمُحَرَّمِ رَبَّنَا لِيُقِيمُواْ ٱلصَّلَوٰةَ فَٱجۡعَلۡ أَفۡـِٔدَةٗ مِّنَ ٱلنَّاسِ تَهۡوِيٓ إِلَيۡهِمۡ وَٱرۡزُقۡهُم مِّنَ ٱلثَّمَرَٰتِ لَعَلَّهُمۡ يَشۡكُرُونَ ٣٧﴾ (ابراهيم- 37)

﴿رَبَّنَآ إِنَّكَ تَعۡلَمُ مَا نُخۡفِي وَمَا نُعۡلِنُۗ وَمَا يَخۡفَىٰ عَلَى ٱللَّهِ مِن شَيۡءٖ فِي ٱلۡأَرۡضِ وَلَا فِي ٱلسَّمَآءِ ٣٨﴾ (أبراهيم- 38)

ونفد الماء والزاد، وأوشك الرضيع على الهلاك، فكانت لهفة أمه عليه، ومسعاها بين الصفا والمروة، مهرولة سبعة أشواط، شعيرة من شعائر الحج والعمرة. وصدق رجاؤها بالله تعالى، فعمر الوادي ببني إسماعيل جد العرب. واستجابت دعوة ابراهيم، بأن جعل الله ملايين البشر تأوي إليه.

- وأم (موسى) عليه السلام، التي أوحى الله إليها، فنجت من مذبحة فرعون لمن يولد من ذكور بني إسرائيل ﴿وَأَوۡحَيۡنَآ إِلَىٰٓ أُمِّ مُوسَىٰٓ أَنۡ أَرۡضِعِيهِۖ فَإِذَا خِفۡتِ عَلَيۡهِ فَأَلۡقِيهِ فِي ٱلۡيَمِّ وَلَا تَخَافِي وَلَا تَحۡزَنِيٓۖ إِنَّا رَآدُّوهُ إِلَيۡكِ وَجَاعِلُوهُ مِنَ ٱلۡمُرۡسَلِينَ ٧﴾ (القصص-7).

- وأم (عيسى)، بن مريم، المسيح عليه السلام، **مريم المصطفاة**، "التي انزوت به مكاناً قصياً، تهز جذع النخلة فيتساقط عليها رطباً ندياً". لقد كانت آية في الطهر والعفة، صدقت كلمات الملائكة، وآمنت بعيسى نبياً من الله ورحمة منه سبحانه، وكانت من المصلين المطيعين الخاشعين، حيث يقول سبحانه: ﴿وَمَرْيَمَ ٱبْنَتَ عِمْرَٰنَ ٱلَّتِىٓ أَحْصَنَتْ فَرْجَهَا فَنَفَخْنَا فِيهِ مِن رُّوحِنَا وَصَدَّقَتْ بِكَلِمَٰتِ رَبِّهَا وَكُتُبِهِۦ وَكَانَتْ مِنَ ٱلْقَٰنِتِينَ ﴿١٢﴾﴾ (التحريم-12).

لقد كرمها الرسول ﷺ مقدماً اياها في المرتبة الأولى على نساء العالمين بقوله: "وحسبك من نساء العالمين: مريم بنت عمران، وخديجة بنت خويلد، وفاطمة بنت محمد، وآسية بنت مزاحم". فمن هي آسية بنت مزاحم؟!

- **آسية، بنت مزاحم**، امرأة فرعون، ﴿إِذْ قَالَتْ رَبِّ ٱبْنِ لِى عِندَكَ بَيْتًا فِى ٱلْجَنَّةِ وَنَجِّنِى مِن فِرْعَوْنَ وَعَمَلِهِۦ وَنَجِّنِى مِنَ ٱلْقَوْمِ ٱلظَّٰلِمِينَ ﴿١١﴾﴾ (التحريم ـ 11). لقد آمنت بموسى عليه السلام، فاطلع فرعون على ايمانها، فغضب لأنها تعبد رباً غيره. فأوتد لها أوتاداً، وشد يديها ورجليها، ووضع على ظهرها رحى، وعرضها إلى الشمس الحارة. وكانت إذا أذاها حر الشمس، أظلتها الملائكة. ثم إن الله استجاب دعوتها وأطلعها على بيتها في الجنة، فضحكت،

فقال فرعون: "ألا تعجبون من جنونها؟ إننا نعذبها وهي تضحك!... ". ونجاها الله من تعذيب فرعون، فقبض روحها لتنعم في بيتها في الجنة.

- **(خديجة بنت خويلد)**، زوجة الرسول وأم أولاده. كانت من أسرة أصيلة لها مكانة وشرف في قريش. عرفت بالعلم والتضحية والفداء وحماية الكعبة. وكان ذووها على الحنيفية، دين ابراهيم، ينتظرون دين الحق. فجدها، (أسيد بن عبد العزى)، كان من المبرزين في حلف الفضول، وابن عمها، (ورقة بن نوفل) أحد الأربعة الذين رفضوا عبادة الأوثان، وبحثوا عن الدين الحق...وكانت تتميز، دون سائر النساء في ذلك العصر، بشخصية متميزة وبارزة، وهمة عالية ذات حرية واستقلال. وقد ورثت أموالاً طائلة من زوجيها السابقين، فاستثمرتها في التجارة، واستخدمت الرجال واستأجرتهم وضاربتهم[2].

ويروي لنا التاريخ، أنها سمعت من العلماء والأحبار، أن محمداً سيكون نبياً آخر الزمان. فتعلق قلبها

---

(2) يروى أنه كان لها ما يزيد على ثمانين ألف جمل، متفرقة في كل مكان، ولها في كل ناحية تجارة، وفي كل بلد مال، مثل مصر، والحبشة وغيرها.

به، وطلبت إليه أن يذهب في قافلة من تجارتها إلى الشام بصحبة مولاها (ميسرة)، ليراقب سلوكه عن كثب. فرأى غلامها منه العجائب في الطريق. فاستدعته وعرضت عليه نفسها للزواج قائلة: "يا محمد لقد زوجتك نفسي، والمهر عليّ في مالي. البيت بيتك، وجميع ما أملك تحت يديك، وأنا جاريتك". وهي التي رفضت بإصرار الملوك والأشراف والأثرياء الذين تقدموا إليها. وبالفعل، كانت خديجة أول من آمن بدعوة الرسول الأكرم، وبذلت كل ما في وسعها من أجل تحقيق أهدافه المقدسة، وجعلت ثروتها بين يديه. وكان عليها، انصياعاً لرغبة الرسول، أن تبحث عن العلم والمعرفة على مستوى الرجل نفسه.

وكان الرسول يودها ويحترمها، ويشاورها في أموره، وكانت وزيرة صدق؛ ولم يتزوج في حياتها أبداً. وقد منحته خلال زواجها الذي دام أربعة وعشرين عاماً، ستة أولاد.

ويروى عن الرسول قوله: "خير نساء أمتي، خديجة بنت خويلد. والله ما أخلف لي خيراً منها. لقد آمنت بي إذ كفّرني الناس، وصدقتني اذ كذبني الناس، وأنفقتني مالها إذ حرمني الناس، ورزقني الله أولادها، إذ حرمني أولاد الناس".

وهكذا، فإن هذه المرأة، التي انبثقت من أصل نبيل، وتعرف كيف تقدر نفسها، استطاعت بذكائها ونضالها أن تجسد في نفسها، الارستقراطية العربية كأفضل مثال يحتذى به . . . .

ـ أما **(فاطمة بنت محمد)**، فقد عاشت كافة الحوادث المؤلمة منذ صغرها مع أبيها، وعانت كل ما عانى، حتى سماها: "أم أبيها". ولقد بشّر بها الرسول قبل أن تولد، فغمرته السعادة، وطفح قلبه بالسرور، كيف لا، وهو الذي هدم صروح الجاهلية الرعناء التي اعتبرت المرأة عاراً يجب التخلص منه، ووصمة لا بد من التنصل منها "أيمسكها على هون أم يدسها في التراب؟!. . . "، كما أنكرت أن تكون المرأة من الذرية.

ولإرادة الله في رفع مكانة المرأة وقيمتها في الإسلام، جعل ذرية النبي ﷺ من ابنته فاطمة، وقدر أن تكون أئمة المسلمين، وقادة الناس أجمعين منها.

وعن عائشة، أنها قالت: "ما رأيت أحداً، كان أصدق لهجة من فاطمة إلا أن يكون والدها".

وعن الحسن بن عليّ(ع)، قال: "رأيت أمي فاطمة، وقد قامت من محرابها ليلة جمعة، فلم تزل راكعة وساجدة، حتى انفجر عمود الصبح، وسمعتها تدعو

للمؤمنين والمؤمنات وتسميهم، وتكثر الدعاء لهم، ولا تدعو لنفسها بشيء. فقلت لها: يا أماه، لم لا تدعين لنفسك كما تدعين لغيرك؟ قالت: "يا بني الجار قبل الدار".

وعنه عليه السلام: "ما كان في الدنيا أعبد من فاطمة، كانت تقوم الليل، حتى تتورم قدماها" (البحار-ج-43-ص76).

وأخيرا، وليس آخراً، انها السيدة زينب، التي، أقل ما يقال فيها، أن إليها، وإلى ما كابدته من تضحيات، وما عانته من ويلات، في معركة كربلاء وما بعدها يعود أكبر الفضل، في إنقاذ الإسلام، وإنقاذ السلالة النبوية من الانقراض، وتحقيق أهداف معركة كربلاء. وإن من سبر حياة العقيلة، في تلك الفترة، لأصبح على يقين، من أن ليس لها في التاريخ من مثيل، ليس فقط بين النساء، بل وأيضاً بين الرجال.

وهذه بعض المقتطفات عن كفاحها في محاضرة ألقيتها في مؤتمر"المرأة المسلمة وأولويات التجديد والإصلاح والتنمية"، الذي نظمته المستشارية الايرانية في دمشق، بتاريخ20 حزيران لعام 2004:

من هي زينب؟

زينب... وما أدراك ما زينب؟!...

هي ثاني أعظم سيدة من سيدات البيت المحمدي.

ذات عــــفـــافٍ ووقـــار وحـــجـــا

مـــن شـــرفــت جــدًا وأمـــاً وأبـــاً

سماها الإله في السماء

زينب لما قاست نوبا

وشحت بالصبر والعناء

وعاشت مقرونة بالمصائب والبلاء

منذ نعومة أظافرها حتى كربلاء.

فاقت في علمها الفطري فطاحل العلماء

وشجاعتها ورباطة جأشها الرجال العظماء

وأخذت على عاتقها وحدها كل العناء

بيد أنثوية لطيفة، رفعت عن الثكالى والأرامل كل حيفة...

وبيد حديدية عنيفة، قرعت رؤوس الضلالة والجهابذة ولم تبق منهم باقية

وعلى يديها الكريمتين تم النصر المبين، الذي بدأه سيد الشهداء

يوم عاشوراء، في الشام والكوفة وكربلاء.
فاليها وإلى جدها وأمها وأبيها وأخوتها
يصلي جميع المسلمين، راجين
أن يجمع شملهم ويخمد أحقادهم
ويهديهم إلى الطريق المبين
ليكونوا رحماء فيما بينهم
قساة على المغتصبين الظالمين.

وسأحاول أن أستعرض بعضاً من الشريط البطولي الرائع، لما قاسته عقيلة المسلمين زينب، من شدائد، وما حققته من عجائب، قبل، وأثناء، وبعد ثورة كربلاء، لإنقاذ الإسلام.

لقد نشأت هذه الطاهرة الكريمة في حضن النبوة، ودرجت في بيت الرسالة، ورضعت من لبان الوحي من ثدي الزهراء البتول، وغذيت بغذاء الكرامة في كنف ابن عم الرسول، فنشأت نشأة قدسية، وربيت تربية روحانية، متجلببة جلابيب الجلال والعظمة. فالخمسة أصحاب العباء عليهم السلام، هم الذين قاموا بتربيتها وتثقيفها وتهذيبها، وكفاك بهم مهذبين ومعلمين...

وكانت على جانب عظيم من العلم والحلم ومكارم

91

الأخلاق، وذات فصاحة وبلاغة وجرأة وشجاعة، ورباطة جأش نادرة.

فزينب المتربية في بيت العلم النبوي، والتي طوت عمراً من الدهر مع الإمامين السبطين يزقانها العلم زقاً، كما اعترف لها الطاغية يزيد بقوله في الإمام السجاد عليه السلام: "إنه من أهل بيت زقوا العلم زقاً"، وقول علي بن الحسين (ع) لها: "أنتِ بحمد الله عالمة غير معلمة، وفهيمة غير مفهمة"، وكما قال الشاعر:

عـلـبـة عـلـم، غـيـر أن عـلـمـهـا

غـريـزة ولـم يـكـن مـكـتـسـبـاً.

ويقال بأن علمها، كان البحر في مدينة العلم النبوي.

ولقد كان للعقيلة مجلس خاص بها لتفسير القرآن الكريم تحضره النساء أيام إمامة أبيها عليه السلام بالكوفة. وفي أحد الأيام، كانت تفسر (كهيعص)، وإذا بأمير المؤمنين يدخل عليها، فقال لها: "يا نور عيني، سمعتك تفسرين (كهيعص) للنساء"، فقالت: نعم، فقال عليه السلام: "هذا رمز لمصيبة تصيبكم عترة رسول الله".

وكان الناس يرجعون إليها في الحلال والحرام حتى برئ ابن الحسين زين العابدين من مرضه وباشر هو نفسه ذلك الدور.

وكانت راوية. فقد روت عن أمها، وأبيها، وأخويها، وعن أم سلمة، وأم هاني وغيرهما من النساء.

وروي عنها، أنها في طفولتها كانت جالسة في حجر أبيها يلاطفها، فقال لها: يا بنيتي قولي واحد، فقالت واحد. فقال لها قولي اثنين، فسكتت. فقال لها: تكلمي يا قرة عيني، فقالت: ما أطيق أن أقول اثنين بلسان أجريته بالواحد. فضمها صلوات الله عليه إلى صدره وقبّلها بين عينيها.

نعم! انها أحد الينابيع الكشفية التي انفجرت لديها منذ نعومة أظافرها.

دور السيدة زينب في ثورة كربلاء

لقد كان لزينب الصدّيقة، من الآثار الكشفية ما لا نهاية لها. وفي الحديث الشريف: "من أخلص لله أربعين صباحاً انفجرت ينابيع الحكمة من قلبه على لسانه"، فكيف هي وقد أخلصت لله كل عمرها، وماذا ستكون عليه ينابيع الحكمة المتفجرة من قلبها؟!...

لقد كانت أول من ألحّ على أخيها الحسين في الذهاب إلى اليمن، والعدول عن الذهاب إلى الكوفة قائلة:

"لا تلق بنفسك للتهلكة، فلقد يلقاك بالسيف رجال بايعوك

وستراهم أغلظ الناس عليك

وكل من صار له شئ من المال

سيصير من عداك".

وكان يزيد قد أعلن أن من يأتي بالحسين حياً أو ميتاً، فإن له أن يولى ما يشاء، وله في كل عام ألف ألف درهم.

وكما قالت له زينب العقيلة:

إذا ما وفيت لمن يغدرون، فإنك تغدر بالأوفياء

أترحمه وهو في فجره، ألا فارحم الناس من شره

سينزل ضربته بالضعيف، ويقسو عليه، فيخشى القوي

وسيعطي الدنيء إلى أن يعز بجاه الغنى، فيذل الشريف.

وبعد أن رأت العقيلة أن أخاها مصمم على الجهاد رغم اعتراضها، صممت هي أيضاً على الجهاد والدفاع عنه قائلة:

إنا لم نتركهم كي يصنعوا بك مثلما قد صنعوه بأبيك

الا أننا، وا أسفاه، لا نشهر السيف

94

ولا نملك غير الكلمات.

فأجابها :

لا تبالي، فلبعض الكلمات وقع، مثل وقع الطعنات . . .

وفي الحقيقة، ففي كل كلمة كانت تنطق فيها طعنة . . .

ومن طعناتها أنها وقفت في القوم الذين انفضوا عن الحسين، وقالت :

أيها الناس، ادفعوا عن أنفسكم عار الأبد

يوم خالفتم عليا، وخضعتم لابن هند

وقصاراكم من النعمة، منح وولاء نعمة لا يرتضي

أثقالها غير الاماء

ودفعتم كل ما لديكم من اباء.

وختمت كلماتها بحكمتها الفريدة :

إن من لم يقتل اليوم يمت

والذي قد فر منكم لم يفت . . . . . .

وحين قرروا أن يتشاوروا بالأمر، لابسين ثوب الحكمة والإمهال والتأمل والتبصر. أجابتهم :

"هكذا يلتبس الباطل بالحق ويبدو الجبن في ثوب الحكيم المتأمل

تحت ظل الخوف لا حكمة بعد أو دهاء،لا حكمة
إلا أن تغامر

إن ظل الخوف يخفي الحق، حتى عن عيون العقلاء"
وبعد أن ذهب الرجال المتشاورون، وفرغ المكان من
الحكماء، وانفضوا عن الحسين، قالت زينب:

ذهبوا. . . وقد فسد الزمان، ولم يعد في الأرض إلا
أشباه الرجال.

فأجابها الحسين:

ما عاد في هذا الزمان، سوى أشباه الرجال
يمشون في حلل النعيم. . . وتحتها نتن القبور
يتشامخون على العباد. . . كأنهم ملكوا العباد
وإذا هم لاقوا الأمير. . . تضاءلوا مثل العبيد.

كما أن العقيلة زينب رفضت أن يستسلم قائلة:

لا! بل فداك كل ما في هذه الدنيا الدنية، من صغار
ونساء لا تستسلم. . .

إنّا احتملنا فوق ما يتحمل الجبل الأشم لكي
نصونك. . .

لا! بل يموت الكل دونك. . . .

بـجرح أبـيـك يـؤج دماً في أرض الـكـوفـة، لا
تستسلم. . .

بشرف الكلمة... لا تستسلم...

بعزة دينك... لا تستسلم...

بعمك حمزة... لا تستسلم...

بذكرى جدك... لا تستسلم...

أَلِنَسْلَم نحن تستسلم؟!...

فإذا استسلمت فمن يسلم؟!...

وأصرت زينب على مرافقته إلى الكوفة والجهاد معه، وتحملت معه ما لا يوصف من العناء والجوع والعطش، بعد أن نفدت مؤونتهم من الغذاء والماء، بعد أن أمر الحسين بالتبرع بالماء للأعداء، إلا أن هؤلاء قطعوا الماء عن أطفال الحسين والنساء حتى كاد الجميع أن يهلكوا عطشاً.

فلما نزل بكربلاء قال: ما يقال لهذه الأرض؟ قالوا: كربلاء!

فقال الامام: "اللهم إني أعوذ بك من هذا الكرب والبلاء".

ثم قال لأصحابه: "انزلوا، هاهنا محط رحالنا، ومسفك دمائنا، ومحل قبورنا. بهذا حدثني جدي رسول الله ﷺ". وأنشد قائلاً:

كل حي سالك سبيلي

مــا أقــرب الــوعــد مــن الــرحـيـل
وإنــمــا الأمــر إلــى الــجــلــيـل

فسمعت زينب، فقالت: هذا كلام من أيقن بالقتل!

فقال: نعم يا أختاه...

فقالت: وا ثكلاه! إنما ينعي إليّ الحسين نفسه!

دور السيدة زينب أثناء المعارك والفداء

وزحفت قطعان الذئاب نحو الخيام، خيام آل محمد
رسول الله، لتقضي على من في بيوت الرسالة والإمامة.
ومضى العباس، واستمهلهم إلى اليوم التالي، يوم
عاشوراء.

وما أصبح صباح يوم عاشوراء، حتى اشتعلت نار
الحرب، وتوالت المصائب الواحدة تلو الاخرى.

وبعد أن قتل الجميع، ولم يبقَ من الرجال سوى
الحسين (ع) وابنه زين العابدين، خرج الإمام الحسين
وحده إلى ساحة الجهاد...

وهكذا، فقد اقتربت أصعب الساعات في حياة السيدة
زينب، ودنا هول الفاجعة، والمستقبل المخيف...

لقد توجه أخوها الحسين (ع) إلى ساحة القتال، ونتيجة الذهاب معلومة: القتل والشهادة!!... فحملوا عليه من كل جانب، وطعنه الحصين بن نمر بالرمح في صدره. فصاح عمر بن سعد بن أبي وقاص: ويلكم انزلوا وحزوا رأسه. فأقبل عمرو بن الحجاج ليقتل الحسين، فلما دنا ونظر إلى عينيه، ولّى راجعاً، فسألوه عن سبب رجوعه، فقال: نظرت إلى عينيه، كأنهما عينا رسول الله توبخانني!!

وأقبل شبث بن ربعي، فارتعدت يده، ورمى السيف هارباً...

وأقبلت زينب نحو الميدان، وهي تنادي: وا أخاه! وا سيداه! وا أهل بيتاه!...

وبينما هي تخاطبه ويخاطبها، وإذا بالسوط يلتوي على كتفها، وقائل يقول لها: تنحي عنه. إنه (شمر بن ذي الجوشن)، فاعتنقت أخاها وقالت: لا أتنحى عنه، وإذا ذبحته فاذبحني قبله.

فجذبها عنه قهراً، ثم جلس على صدر الإمام، ووقعت الفاجعة العظمى، والرزية الكبرى، ألا وهي قطع رأس الحسين(ع) وتعليقه على الرمح، وتقطيع جسده، ووطئه بحوافر الخيل!...

فبدأت الأرض ترتجف تحت أرجل الناس، وانكسفت الشمس، وأمطرت السماء دماً عبيطاً، وتراباً أحمر...

فـانـفـجـرت زيـنـب (ع) قـائـلـة:

يـا قـاتـلي بـطـل الـحـقـيـقـة والـتـقـى

يـا خـانـقي أمـل الـخـلاص الـمـرتـجـى

يـا ويـلـكـم...أوطـأتـم أفـراسـكـم،

جـسـد الـشـهـيـد الـمـرتـضـى

أنتم! يا ويحكم! دهستم جسد الرسول!...

وسـفـكـتـم دمـه الـطـهـور؟!

أيها الجسد الجليل، اصح، انتفض، أبصق دماً فوق الوجوه المذعنات! يا رافعي علم النذالة!... يا ذابحي الإنسان وهو يعيش أحلام العدالة!... هل فيكم من بعد هذا مسلم؟!

لله درك يا عمر بن سعد!...أين رحت؟!...

أيـــن راح الـــبـــربـــري؟!

مـــاذا ســتــجــنـي عــنــدمــا تــهــدي

رؤوس الأولــيـــاء إلـــى الـــبــغـــي؟!

أخـــلـــيـــت، ويـــحـــك وجـــه الأرض

مـــن جـــمـــيـــع بـــنـــي عـــلـــي!..

يـــا عــارك الأبـــدي إذ تـــشـــري

رضـــــــاء ابـــــن الـــــدعـــــي

بـأن تـريـق دم نـبي!؟...

وبعد أن طافوا برأس الحسين، أنشدت:

ليت السماء أطبقت... وليت الرواسي دكدكت...
ليت الجبال سيرت والسماء أطبقت.. ولم تمت... ولم
تمت... ليت الجحيم سعرت... ليت النجوم
انكدرت... ولم تمت... ولم تمت...

وتذكرت قوله:

فلتذكروني، عندما، تجد الفضائل نفسها أضحت
غريبة!..

وإذا الـرذائـل أصبـحـت هـي وحدهـا الفـضـلـى
الحبيبة!...

وقال:

وإذا حكمتم من قصور الغانيات، فاذكروني...
حين تختلط الشجاعة بالحماقة فاذكروني...
وإذا المنافع صرن ميزان الصداقة...
وإذا غدا النبل الأبي هو البلاهة، فاذكروني...

وقال:

101

فلتذكروني، حين يختلط المزيف بالشريف...
وإذا غدا جبن الخنوع، علامة الرجل الحصيف...
وقال أيضاً:
فلتذكروني، لا بسفككم دماء الآخرين!...
بل فاذكروني، بانتشال الحق من ظفر اللئيم!...

وابتدأ مسلسل الفجائع بسرب عائلة الرسول يتوالى:

سلب النساء:

وبعدما قتل الحسين(ع)، هجم جيش الأعداء على خيام الإمام، وهم على خيولهم، وسحقوا سبعة أطفال تحت حوافر الخيل.

وقد وصف التاريخ ذلك الهجوم الوحشي بقوله:

وتسابق القوم إلى نهب بيوت آل الرسول، حتى أخذوا ينزعون ملحفة المرأة عن ظهرها...!

وقالت فاطمة بنت الامام الحسين (ع):

"كنت واقفة بباب الخيمة، وأنا أنظر إلى أبي وأصحابه مجزرين كالأضاحي على الرمال، والخيول على أجسادهم تجول، وإذا برجل على جواده، يسوق النساء

بكعب رمحه، وهن يلذن بعضهن ببعض، وقد أخذ ما
عليهن من أخمرة وأساور. ثم تبعني وضربني بكعب
الرمح، فسقطت على وجهي، فخرم أذني وأخذ قرطي
ومقنعتي.

وروي عن السيدة زينب(ع) أنها قالت:

كنت في ذلك الوقت واقفة بالخيمة، فدخل إليها
رجل أزرق العينين، فأخذ ما كان في الخيمة، ونظر إلى
علي بن الحسين، فقال له شمر بن ذي الجوشن: ألا تقتل
هذا العليل؟ فهمّ اللعين بقتله. فقلت: أتقتل الصبيان؟!..
فسلّ سيفه ليقتله، فألقيت بنفسي عليه وقلت: والله! لا
يقتل حتى أقتل. فأخذ عمر بن سعد بيده، وقال: أما
تستحي من الله! أتريد أن تقتل هذا الغلام المريض؟!
فأجابه شمر: لقد صدر أمر الأمير عبيد الله بن زياد بأن
أقتل جميع أولاد الحسين. فبالغ عمر بمنعه، حتى كفّ
عنه.

وهكذا استطاعت زينب (ع) أن تنقذ واحداً فقط من
السلالة النبوية... ولولاها لانقرضت إلى الأبد. وأخذت
تنشد:

يا محمداه!... يا محمداه!... مليك السماء...
هذا حسين بالعراء

103

مرمل بالدماء!... مقطع الأعضاء!...محزوز الرأس من القفا

مسلوب العمامة والرداء

يا محمداه!... وبناتك سبايا!... وذريتك قتلى!.

زينب وتحقيق الهدف من ثورة كربلاء

ان الأمر الأكثر أهمية في ثورة الحسين (ع) هو دور السيدة زينب، الذي لولاه لبقيت الثورة دون نتيجة.

وقد لاقت أوضاعاً عصيبة لإبلاغ رسالتها، منها الحملة الدعائية الواسعة للعدو. فلولا أن الحسين الشهيد كان قد حمل معه أولاده، وأقاربه وبناته، لكانوا قد طمسوا على جرائم يزيد، وادعوا بأنه انتحر، أو أكله الذئب، ونحن عنه غافلون...

هذا، بالإضافة إلى أنها كانت زعيمة قافلة الأسرى، وعليها أن تحافظ على حياة الامام زين العابدين، الوريث الوحيد، وأن تسيطر، في الوقت نفسه، على النساء والأطفال، بالشكل الذي يمنع صدور أي عمل أو حركة تشير إلى الضعف.

وإن هذه المهمات الخطيرة، لا تتحملها إلا من تملك

خصوصيات خاصة بها، مثل الايمان الراسخ، والقدرة الفائقة على الصبر والتحمل في أعلى الدرجات، والعلم والوعي، مع الفصاحة والبلاغة، والسيطرة على النفس، ورباطة الجأش... وقد اجتمعت، حقاً، في السيدة زينب، كل هذه الصفات...

لقد غيرت وجه التاريخ... وبالكلمات التي كان لها وقع كوقع الطعنات...

لقد استطاعت ببلاغة خطبها، وحججها الدامغة، ورباطة جأشها، وثباتها، أن تقيم الدنيا على الأمويين، مما اضطر يزيد إلى لعن ابن زياد، حاكم الكوفة، متبرئاً من دم الحسين(ع) وأقام له المآتم في داره. ولم يتم ليزيد عامه الأول، حتى أعلنت المدينة ثورتها على يد أبناء المدينة والأنصار، وتلتها مكة، ثم الكوفة، وكانت أخيراً انتفاضة إيران التي حطمت عروشهم.

ومن رباطة جأشها وصبرها على الشدائد، قولها في عصر عاشوراء، وقد وقفت أمام أخيها المقطّع بالسيوف تبتهل إلى الله قائلة:

"اللهم تقبل منا هذا القربان"، وقولها ليزيد: "الحمد لله الذي ختم بالسعادة والمغفرة لسادات شبان الجنان... "

بطولات زينب في حضرة ابن زياد حاكم الكوفة

ومن شجاعتها، أنها عندما حملت عائلة الحسين إلى الكوفة سبايا... ودون أي مبرر إلا التعبير عن اللؤم والحقد، وتدنيس نساء أهل البيت، أخذ ابن زياد، حاكم الكوفة يستفقد عائلة الرسول ﷺ فرداً فرداً. فسأل من هي هذه المنحازة من النساء؟ فقيل له: إنها ابنة أمير المؤمنين، فقال:

"الحمد لله الذي فضحكم وقتلكم وكذب أحدوثتكم". فأجابته دون خوف ولا وجل: "الحمد لله الذي أكرمنا بنبيه محمد(ص)، وطهرنا من الرجس تطهيراً، إنما يفتضح الفاسق، ويكذب الفاجر، وهو غيرنا". فقال لها: "وكيف رأيت فعل الله ببيتك؟" أجابته: "ما رأيت إلا جميلاً، هؤلاء قوم كتب عليهم القتل، وسيجمع الله بينك وبينهم، فتحاج وتخاصم، فانظر لمن الفلج يومئذ. ثكلتك أمك يا ابن مرجانة" فغضب وهمَّ بقتلها. إلا أن عمرو بن حريث قال له: "إنها امرأة... لا تؤاخذ بمنطقها". فقال لها: "لقد شفى الله قلبي من طاغيتك، والعصاة الطغاة من أهل بيتك". فقالت له:

"لعمري! لقد قتلت كهلي، وأبدت أهلي، وقطعت

106

فرعي، واجتثثت أصلي، فإن يـشـفـيـك هـذا فـقـد
اشتفيت!... وحسبك بالله حاكماً، وبمحمد خصيماً،
وبـجـبـريـل ظهيراً، وسيعلم من سـول لك من رقاب
المسلمين، بئس للظالمين بدلاً، وأيكم شر مكاناً،
وأضعف جنداً!... ولئن جرت عليّ الدواهي مخاطبتك،
إني لأستصغر قدرك، وأستعظم تقريعك، ولكن العيون
عبرى، والصدور حرى!... "

وبقي كلامها وصداه، يتردد في الآذان، يستنهض
المسلمين، ويحفزهم للإطاحة بالحكم الأموي الجائر، إلى
أن جاءت انتفاضة التوابين، ثم تلتها ثورة المختار بن أبي
عبيد الثقفي، وقتله ابن زياد. ولم يلبث دوي صراعها أن
عبر الـحـدود مـن الـكـوفـة إلى إيران، وعـهـده الآبـاء إلى
الأبناء، حتى كانت فصيلة الرايات السود، التي استأصلت
جذورهم.

استنهاضها المشحون بالأبهة والعظمة والهيبة لشعب الكوفة

ومن استنهاضها للمسلمين، أنها عندما قدمت الكوفة،
وجاء عليّ بن الحسين والسبايا من كربلاء، ومعهم الأجناد

يحيطون بهم، وقد خرج الناس للنظر إليهم كالسيل يدفع بعضهم بعضاً، أن أومأت للناس أن اسكتوا.. فارتدت الأنفاس، وسكنت الأجراس. فخطبت بهم خطبتها الشهيرة، التي قيل فيها: كأنها تفرغ عن لسان أمير المؤمنين. ومنها:

ويلكم يا أهل الكوفة!.. أتدرون أي كبد لرسول الله فريتم، وأي كريمة له أبرزتم، وأي دم له سفكتم، وأية حرمة له انتهكتم؟!...أفعجبتم ان أمطرت السماء دماً؟!... ولعذاب الآخرة لأخزى، وإن ربكم لكم لبالمرصاد...

قال الراوي: فوالله! لقد رأيت الناس يومئذ حيارى، يبكون، وقد وضعوا أيديهم على أفواههم. ورأيت شيخاً إلى جانبي يبكي حتى اخضلت لحيته بالدموع، وهو يقول: "بأبي أنتم وأمي، كهولكم خير الكهول، وشبانكم خير شبان.. ونساؤكم خير نساء... ونسلكم خير نسل... لا يخزى ولا يبزى...

وهذا حذلم بن كثير من فصحاء العرب، أخذه العجب من فصاحة زينب وبلاغتها، وأخذته الدهشة من براعتها وشجاعتها الأدبية، فقال:

"أرأيت ابنة عليّ، وموقفها الذي تعجز عنه أبطال

الرجال؟! تأمل في كلامها الطافح بالعزة والإباء، والمملوء جرأة وإقداماً، والمشحون بالأبهة والعظمة، وعدم المبالاة بكل ما مرّ عليها من المصائب والنوائب؟!... لكأن نفس أخيها بين جنبيها، ولسان أبيها بين فكيها... بخ.. بخ.. ذرية بعضها من بعض!...

زينب تصفع يزيداً في الشام وهي مكبلة بالأغلال

ومن الكوفة وابن زياد إلى يزيد في الشام، سارت العقيلة زينب إلى مجلسه مع قافلة السبايا المحمدية. وكان قد زين الشام، وأعلن عن عيد جديد، وفتح مبين، وأمر الناس باستقبال أسارى هذا الفتح... وخرجت الألوف في نشوة الفرح والسرور، لاستقبال عائلة الرسول، ورؤوس شهدائها المعلقة على أسنّة الحراب...!!

جاؤوا إلى مجلس يزيد، الممتلئ بالناس، وهم مكبلين بالحبال. وأنزل رأس الحسين من على الرمح، ووضع بين يدي يزيد في طست. فجعل يزيد ينكث ثناياه بقضيب في يده ويقول، متمثلا بأبيات لابن الزبعرى:

لعبت هاشم بالملك فلا
خبر جاء ولا وحي نزل

لســت مــن خــنــدف إن لــم أنــتــقــم
مــن بــنــي أحــمــد مــا كــان فــعــل

وتابع من عبقريته:

لـمـا بـدت تـلـك الـحـمـول وأشـرفـت
تـلـك الـرؤوس عـلـى شـفـا جـيـرون

نعق الغراب فقلت: قل أو لا تقل
فـلـقـد قـضـيـت مـن الـنـبـي ديـونـي

فانبرت له بخطبة عصماء، لم يدر في خلده أن يسمع تعنيفاً مثلها. منها:

"والله! ما فريت إلا جلدك، ولا حززت إلا رحمك، ولتردن على رسول الله ﷺ، بما تحملت من سفك دماء ذريته، وانتهاك حرمته في عترته ولحمته، حيث يجمع الله شملهم، ويلم شعثهم، ويأخذ بحقهم... ﴿وَلَا تَحْسَبَنَّ ٱلَّذِينَ قُتِلُواْ فِى سَبِيلِ ٱللَّهِ أَمْوَٰتًۢا ۚ بَلْ أَحْيَآءٌ عِندَ رَبِّهِمْ يُرْزَقُونَ ﴿١٦٩﴾﴾ (آل عمران: 169)... فكد كيدك، واسع سعيك، فوالله! لا تمحو ذكرنا، ولا تمت وحينا والحمد لله رب العالمين، الذي ختم لأولنا بالسعادة والمغفرة، ولآخرنا بالشهادة والرحمة. ونسأل الله أن يكمل لهم الثواب،

ويوجب لهم المزيد، ويحسن علينا الخلافة، إنه رحيم
ودود، وحسبنا الله ونعم الوكيل"

ثم أنشدت تقول:

مـا ذا تـقـول اذا قـال الـنـبي لـكم
مـاذا صـنـعـتـم وأنـتـم آخـر الأمـم

بـأهـل بـيـتي وأولادي وتـكـرمـتـي،
فيهـم أسـارى، وفيهـم ضـرجوا بـدم

انـي لأخشى عليكم أن يـحل بـكم
مـثل الـعـذاب الـذي أودى عـلى إرم

ومن صراعها مع يزيد، أنها عندما طلب أحد رجال
يزيد منه فاطمة أختها جارية له، ارتعدت فاطمة وأخذت
بثياب أختها زينب(ع). فقالت لها زينب: "والله ولو مت
ما ذلك لك وله". فغضب يزيد وقال: "كذبت، والله،
إن ذلك لي، ولو شئت أن أفعل ذلك لفعلته". قالت:
"كلا، والله! ما جعل الله لك إلا أن تخرج من ملتنا،
وتدين بغير ديننا". فغضب واستطار، ثم قال: "اياي
تستقبلين بهذا؟! إنما خرج من الدين أبوك وأخوك".
فقالت: "بدين الله ودين أبي وأخي وجدي اهتديت أنت

وأبوك وأخوك". قال: "كذبت يا عدوة الله". قالت:
"أنت أمير سليط اللسان، تشتم وتظلم، وتقهر بسلطانك"
فاستحيا يزيد وسكت. ثم عاد الشامي فقال: يا أمير...
هب لي هذه الجارية. فأجابه يزيد: "أغرب! وهب الله
لك حتفاً قاضياً..."

ومن ترفعها وكبريائها، واستهزائها بيزيد أنها:
عندما أرغمت على تقديم الخمور في مجلس يزيد،
قالت له: "أظننت يا يزيد، حين أخذت علينا أقطار
الأرض، وطبقت علينا آفاق السماء، وأصبحنا في اسار،
لنساق إليك في قطار، وأنت علينا ذو اقتدار؛ أن بنا على
الله هواناً، وعليك منه كرامة وامتناناً، وأن ذلك لعظم
خطرك، وجلالة قدرك؛ فشمخت بأنفك، ونظرت في
عطفك، تضرب فرحاً على صدرك، وتنفض مذوريك
مرحاً؛ وحين رأيت الدنيا لك مستوثقة، والأمور متسقة؛
وحين صفا لك ملكنا، وخلص لك سلطاننا؛ فمهلاً مهلاً!
لا تطش جهلاً!...أنسيت قول الله عز وجل: ولا تحسبن
الذين كفروا انما نملي لهم خيرا لأنفسهم، انما نملي لهم
ليزدادوا اثما، ولهم عذاب مهين...

وفي الواقع، فها هي العقيلة المظلومة، وأسيرة
الأمس، أخذت على يزيد اليوم أقطار الأرض، وضيقت

عليه آفاق السماء، فأصبح لا يذكر إلا واللعنة قرينه، بينما هي العقيلة الخالدة، ولها دمشق متسعة، مستوثقة...! وهكذا فإن للباطل جولة... وللحق عليه صولة... (صدق الله العظيم).

صولة الحق على الباطل

وصدقت العقيلة... فها هي أم المصائب، بلغ من عناية الله بها، وكرامته عليها، أن جعل مشهدها هذا، في دمشق نفسها، كل سنة- منذ أن حلت بها- يزيد بهاء وجلالة وروعة، وأين هو من رمس يزيد ومثواه؟!...

وهاهي البلدان، من المدينة إلى مصر والشام، تتجاذب رواية دفنها، وتؤكدها عندها، لتحل بركتها عليها، ولتجذب إليها أنظار العالم الإسلامي، بينما ترفض كل بقعة من بقاع الأرض مثواه!...

وهاهو مثواها الآخر في مصر، لا يقل روعة وبهاء عن مشهدها في الشام، فهو ينافس السماء رفعة، وتعلوه قبة ذهبية، تشاهد من عشرات الأميال.

وها هي عشرات الألوف من الزائرين، تتوافد على هذه البلدان، من أبعاد الأقطار، وأدانيها؛ لتكرمها،

113

وتبجلها، وتنعيها وتبكيها، وتقدم لها الأعطيات والهدايا، لما ثبت من كراماتها عند الله، واستجابته لطلباتهم وأدعيتهم لديها!...

(ويقول علي مبارك في الخطط التوفيقية: "إنني لم أرَ في كتب التاريخ، أن السيدة زينب بنت علي رضي الله عنهما قد جاءت إلى مصر في الحياة، أو بعد الممات").

ومن كراماتها بعد موتها:

لقد نشرت مجلة الغزي النجفية، في سنتها الخامسة عشرة، تحت عنوان: "القفص الذهبي" قولها: "أهدى أغنى أغنياء الباكستان، السيد (محمد حبيب)، قفصاً ذهبياً، وزنه اثنا عشر طناً، ومحلى بالجواهر الكريمة النادرة، للسيدة زينب(ع).

وكان السبب الوحيد لإهدائه، أنه كان له ولد مصاب بمرض مزمن، وقد عجز أطباء العالم عن معالجته، فيئس من شفائه. فقصد الشام لزيارة قبرها، وبات ليلته في حضرتها، متضرعاً إلى الله في شفاء ولده. ثم سافر إلى بلده. وحين وصوله، شاهد ولده شافياً معافى...!

ومن الأمثلة التي لا تعد ولا تحصى، شفاء امرأة

مقعدة ببركة العقيلة زينب، وهي في بيتها، دون أن تذهب إلى مزارها. . . واسمها (فوزية)، وهي ما زالت على قيد الحياة، (حسب العلامة: جواد شبر من المدرسة الشبرية في النجف).

وقد شاع خبرها في المدينة، وتقاطر عليها الناس. فزارها طبيبها: ابراهيم صالح، والدكتور عطية، وهو يهودي، وعندما شاهدها، قال: "لقد شككتنا في ديننا! . . . "

ومن النساء اللواتي ورد ذكرهن في الكتاب الكريم:

- إنها **(بلقيس ملكة سبأ)**، في مهابتها وحكمتها، ومركزها القيادي في قومها[3] الذين كانوا يعبدون الشمس. فلما جاءها كتاب (سليمان عليه السلام) دعت أهل الرأي والمشورة منهم، فكانت القصة كما وردت في كتاب الله:

لقد صور الإسلام أمجادها في سورة النمل إذ يروي القرآن الكريم قول الهدهد عنها: ﴿إِنِّي وَجَدتُّ ٱمۡرَأَةً تَمۡلِكُهُمۡ وَأُوتِيَتۡ مِن كُلِّ شَيۡءٖ وَلَهَا عَرۡشٌ عَظِيمٞ ﴿٢٣﴾﴾

(3) "واقع المرأة في العالم الإسلامي" د. أحمد شلبي. المنظمة الإسلامية للتربية والعلوم والثقافة(الإيسيسكو). .

(النمل-23). وعندما جاءها كتاب سليمان، دعت أهل الرأي والمشورة منهم قائلة: ﴿قَالَتْ يَٰٓأَيُّهَا ٱلْمَلَؤُا۟ إِنِّىٓ أُلْقِىَ إِلَىَّ كِتَٰبٌ كَرِيمٌ ﴿٢٩﴾﴾ (النمل ـ 29)، ﴿إِنَّهُۥ مِن سُلَيْمَٰنَ وَإِنَّهُۥ بِسْمِ ٱللَّهِ ٱلرَّحْمَٰنِ ٱلرَّحِيمِ ﴿٣٠﴾﴾ ﴿أَلَّا تَعْلُوا۟ عَلَىَّ وَأْتُونِى مُسْلِمِينَ ﴿٣١﴾﴾، ﴿قَالَتْ يَٰٓأَيُّهَا ٱلْمَلَؤُا۟ أَفْتُونِى فِىٓ أَمْرِى مَا كُنتُ قَاطِعَةً أَمْرًا حَتَّىٰ تَشْهَدُونِ ﴿٣٢﴾﴾ ﴿قَالُوا۟ نَحْنُ أُو۟لُوا۟ قُوَّةٍ وَأُو۟لُوا۟ بَأْسٍ شَدِيدٍ وَٱلْأَمْرُ إِلَيْكِ فَٱنظُرِى مَاذَا تَأْمُرِينَ ﴿٣٣﴾﴾؟، ﴿قَالَتْ إِنَّ ٱلْمُلُوكَ إِذَا دَخَلُوا۟ قَرْيَةً أَفْسَدُوهَا وَجَعَلُوٓا۟ أَعِزَّةَ أَهْلِهَآ أَذِلَّةً ۖ وَكَذَٰلِكَ يَفْعَلُونَ ﴿٣٤﴾﴾، ﴿وَإِنِّى مُرْسِلَةٌ إِلَيْهِم بِهَدِيَّةٍ فَنَاظِرَةٌۢ بِمَ يَرْجِعُ ٱلْمُرْسَلُونَ ﴿٣٥﴾﴾ (النمل: 30-35).... إلى قوله تعالى: لما شهدت معجزات النبوة قالت: ﴿إِنِّى ظَلَمْتُ نَفْسِى وَأَسْلَمْتُ مَعَ سُلَيْمَٰنَ لِلَّهِ رَبِّ ٱلْعَٰلَمِينَ ﴿٤٤﴾﴾ (النمل-44).

ولم تنحصر شهرة المرأة في الإسلام بالقرآن، بل شملت كافة الطبقات وكافة المستويات

وأشهر النساء اللواتي اتصفن بالبطولة في الإسلام:

- **(أسماء بنت أبي بكر)** رضي الله عنها. لقد وقفت في وجه الطاغية، (أبو جزيل)، ومن كان معه حين جاؤوا لبيت الرسول ولم يجدوه، ولم تخبرهم بشيء عن رسول الله ووالدها، وهي تعلم أين اختبآ، مما أثار

غضب الطاغية، أبي جزيل، فلطمها لطمة أطاحت بقرطها. وهي التي اجتازت المسافات الوعرة لكي تأتي الرسول ووالدها بزادهما، ونسيت أن تجعل له رباطاً تربطه به في الرحل، فشقت رباطها اثنين، علقت الزاد بواحد، وانتطقت بالآخر، فسميت بذلك "ذات النطاقين. . . ."

- **(الشفاء بنت عبد الله بن عبد شمس بن خلف القرشية)**، وهي صحابية جليلة، ذات عقل وفضل وجودة رأي. وكان عمر بن الخطاب يقدمها بالرأي، ويفضلها. وقد ولاها شيئاً من أمر السوق. وكانت من المهاجرات الأوائل، وبايعت النبيﷺ، وكان يأتيها ويقيل عندها في بيتها.

- **(نسيبة بنت كعب)** "أم عميرة"، شاركت في غزوة أحد، وأبلت بلاء حسناً، وقد شهد لها الرسولﷺ بذلك، في قوله: "ما التفت يميناً وشمالاً إلا رأيت نسيبة تقاتل دوني" وكانت تقاتل من دون ترس. . .!

- **(أم سليم بنت ملحان بن خالد)**، وهي مجاهدة جليلة، ذات عقل ورأي. أسلمت مع السابقين إلى الإسلام، وشهدت يوم أحد، وسقت فيه العطشى، وداوت الجرحى. ثم شهدت حنين، وأبلت بلاءً حسناً. فحزمت خنجراً على وسطها، وهي حامل يومئذ بعبد الله بن أبي

طلحة. فقال أبو طلحة: "هذه أم سليم معها خنجر"
فقالت أم سليم: "يا رسول الله، أتخذ هذا الخنجر، إن
دنا منك أحد من المشركين قتلته، وأقتل هؤلاء الذين
يفرون عنك، كما أقتل هؤلاء الذين يقاتلونك، فإنهم أهل
لذلك..." فقال لها الرسول: "يا أم سليم، إن الله قد
كفى وأحسن".

وعلى رأس من ذكروا بالفروسية:

- (خولة بنت الأزور)، فقد ورد بشأنها، أنه لما
أسر أخوها ضرار بن الأزور في موقعة أجنادين، سار
(خالد بن الوليد) في طليعة من جنده لانقاذه. فركبت
جوادها، وجعلت تقتحم صفوف الأعداء، وتجندل من
أبطالهم، حتى أدهشت خالداً، فقال: "ليت شعري! من
هذا الفارس؟ وأيم الله، إنه لفارس...!" "فاقترب منها،
وكانت ملثمة، لكي يعرف من هو هذا الفارس. فأجابته:
"أيها الأمير! إني لم أعرض عنك إلا حياء منك، ولأنك
أمير جليل، وأنا من ذوات الخدور؛ وإنما حملني على
ذلك، أني محرقة الكبد، زائدة الكمد. أنا خولة بنت
الأزور، بلغني أن أخي أسير، فركبت وفعلت ما
فعلت.... وبقيت في جهادها حتى أنقذ لها أخاها.

- و (الخنساء، بنت عمرو السلمية)، الشاعرة، التي

وصفها الرسول بأنها أشعر الشعراء! من ينسى الدور المشرف الذي لعبته في حرب القادسية، مع أولادها الأربعة، الذين امتثلوا لأمرها، وقاتلوا وأبلوا بلاءً حسناً، حتى استشهدوا جميعاً. فلما بلغها الخبر، قالت جملتها الشهيرة، التي خلدتها: "الحمد لله الذي شرفني بقتلهم، وأرجو من ربي أن يجمعني بهم في مستقر رحمته!!..."

ومن أشهر الفصيحات، المشهورات بالبلاغة والبيان:

- (الصدوف بنت خليس العذرية)، وهي عابدة من عابدات وزهاد الشيعة. ذات بلاغة وفصاحة وبيان. كانت تؤبد الكلام وتسجع في النطق. وكانت ذات مال وفير. وقد خطبها كثيرون فردتهم. وكانت تنعت خطابها وتقول: "لا أتزوج إلا من يعلم ما أسأله عنه ويجيبني بكلام على حده، لا يعدوه...!" فلما انتهى إليها (حمدان)، بقي قائماً، وكان لا يأتيها خاطب إلا جلس قبل إذنها. فقالت: "ما منعك من الجلوس؟" قال: "حتى يؤذن لي"، قالت: "وهل عليك أمير؟" قال: "رب البيت أحق بفنائه، ورب الماء أحق بسقائه، وكل له ما في وعائه". فقالت إجلس، فجلس. قالت: "ما أردت؟" قال:

119

"حاجة، ولم آتك لحاجة"، قالت: "تسرّها أو تعلنها؟"
قال: "تسر وتعلن"، قالت: "فما حاجتك؟"، قال:
"قضاؤها هيّن، وأمرها بيّن، وأنتِ بها أخبر"، قالت:
"فأخبرني بها"، قال: "قد عرضت، وإن شئت بينت".
قالت: "من أنت؟" قال: "أنا بشر، ولدت صغيراً،
ونشأت كبيراً، ورأيت كثيراً"، قالت:" فما اسمك؟"
قال: "من شاء أحدث إسماً، وقال ظلماً، ولم يكن الاسم
عليه حتماً". قالت: "فمن أبوك؟" قال: "والدي الذي
ولدني، وولده جدي، ولم يعش بعدي". قالت: "فما
مالك؟" قال: "بعض ورثته، وأكثره اكتسبته". قالت:
"فمن أنت؟" قال: "من بشر كثير عدده، معروف ولده،
قليل صعده، يفنيه أبده". قالت: "ما ورثك أبوك عن
أوليه؟" قال: "حسن الهمم". قالت: "فأين تنزل؟"
قال: "على بساط واسع، في بلد شاسع، قريبه بعيد،
وبعيده قريب". قالت: "فمن قومك؟" قال: "أنتمي إليهم
وأجني عليهم، وولدت لديهم". قالت: "فهل لك
امرأة؟" قال: "لو كانت لي لم أطلب غيرها، ولم أضيّع
خيرها". قالت: "كأنك ليست لك حاجة"، قال: "لو لم

تكن لي حاجة، لم أنخ ببابك، ولم أتعرض لجوابك، وأتعلق بأسبابك". قالت: "إنك (حمدان بن الأقرع الجندي)". قال: "ان ذلك ليقال". فأنكحته نفسها، وفوضت إليه أمرها... (البيان والتبيين- الجاحظ).

وأفضل امرأة أقامت صرح أفضل حضارة اجتماعية، وعمرانية، واقتصادية في العالم، هي:

- **(أروى اليمنية)**، التي استطاعت بفضل حكمتها، وسداد رأيها، وقوة شخصيتها، وسعة اطلاعها، أن تحول "اليمن البغيض" إلى"اليمن السعيد"، في زهاء عقدين من الزمن، حفلا بالأعمال الجليلة، والنهضة العمرانية، والانشاءات المتعددة، وشق الطرق المرصوفة بين شعاب الجبال والوديان. وقد كانت تجوب البلاد من شرقها إلى غربها، راجية الناس أن يدعوا النزاعات القبلية والاقتتال فيما بينهم، وأن يوجهوا جهودهم وطاقاتهم إلى تحويل المرتفعات الجبلية الشاهقة إلى جنات... وبالفعل، فقد تحولت الجبال الصخرية التي تعلو أحياناً إلى ما يقارب الـ5000م إلى بساتين معلقة، رائعة الجمال، تتخللها القصور التي تضاهي الكاتدرائيات، وتضاهي بعضها

بعضاً، والتي أصبحت من أكبر المعجزات في العالم، وقبلة السواح من كل مكان.

ومن النساء اللواتي أصبحن مضرب المثل في الإصلاح بين القبائل المتصارعة منذ زمن طويل:
- **بهيزة بنت عون ابن حريته.**
ولذلك قصة مثيرة ترويها لنا الكاتبة الألمانية، هونكه في كتابها: "شمس الله تشرق على الغرب" وهي ما تعرّض له الزعيم الكبير، الحارث بن عوف، من جهد ومشقة، هو وركبه وقبيلته، للحصول على رضاء زوجته، ومبادلتها مشاعره الحبية النبيلة... [4] ومن مقتطفات ما

---

(4) قصد (الحارث بن عوف)، رئيس قبيلة "مرة"، بلد النبيل (عون بن حريته)، طالباً الزواج من إحدى بناته الثلاث. ولما أبدت الفتاتان الأولى والثانية عدم قبولهما، أجابت الثالثة، واسمها (بهيزة): "إنني جميلة الوجه، فارعة القامة، رفيعة الأصل، وأتقن الأعمال اليدوية". فأجابها والدها: "أسأل الله أن يبارك لك".
ابتدأت الاستعدادات لإقامة حفل الزواج، ونصبت الخيام، وأصبح كل شيء جاهزاً لإيصال الزوجة الشابة إلى زوجها.
وعندما حاول (الحارث) أن يقترب من (بهيزة)، لم تبد منها أي رغبة بذلك....! وقالت معترضة: "ماذا! أيليق بي أن احتفل

122

أوردته هذه الكاتبة المستشرقة، التي كشفت النقاب لأول

= بزواجي هنا في ربع أبي؟!... لا!" وسرعان ما أمر (الحارث) بتفكيك الخيام، وتحميل الجمال، والمضي عبر التلال. وعندما أسدل الليل ستاره، أمر القافلة أن تتوقف لتعاود إقامة المخيم. وما أن اقترب منها حتى رفضت قائلة: "ماذا! أتريد أن تعاملني كجارية اشتريتها، أو كاحدى سجينات الحرب التي ملكتها؟! لا والله ليس لك أن تضمني بين ذراعيك، قبل أن تقيم حفل زواجنا في وسط قبيلتك، وبعد أن تنصب مأدبة تدعو إليها كافة أعضاء القبائل العربية".

رفعت الخيام من جديد، وتوجه الركب إلى قبيلة (الحارث). وجهت الدعوات إلى عدد كبير من المدعوين، وذبحت الجمال والخرفان، وجرى كل شيء حسب مشيئة (بهيزة).

رغب حينئذ (الحارث) الاقتراب من (بهيزة)، إلا أنها لم تبد أية رغبة بذلك. وقالت: "ماذا؟! أتجد الوقت لمداعبة امرأة، في الوقت الذي تدور فيه معارك دامية في الخارج بين القبائل المتخاصمة؟! إن قبيلتي: ذبيان وعبس (من قبيلة أمي) تقتتلان. أسرع لإرساء الصلح بينهما، وعد إلى زوجتك التي تنتظرك بقلب مملوء بالحب..!" وهذا ما حصل... وما أن استتب الأمن بينهما، بفضل شجاعته وأريحيته، حتى عاد متوجاً بهالة النصر.. فاستقبلته (بهيزة) بذراعين مفتوحتين، ووهبته عدداً كبيراً من الذكور والاناث.. "شمس الله تشرق على الغرب" الكاتبة الألمانية (هونكه)، صفحة 308، الطبعة الفرنسية.

مرة في التاريخ، عن مآثر العرب المسلمين، ودحضت كافة مقولات بقية المستشرقين المغرضين، الذين شوهوا الحقائق، ما روته، مخاطبة الرجل الغربي:

"إن الجوهرة التي تضعها تحت أقدام المرأة التي احتلت قلبك، هي ـ دون أدنى شك ـ مأخوذة من تقاليد العرب. ومنذ ذلك الحين، تقلبت هذه الجوهرة من يد إلى يد؛ خبا شعاعها حيناً، واستيقظ أحياناً، لكي تحافظ على بريقها الفياض حتى يومنا هذا. فما زال العاشق الولهان يتمسك بها، ويقدمها عربوناً لكسب التفاتة ممن تتربع على عرش قلبه. . . ".

"وإذا ما كان، حتى يومنا هذا، التوقيع الذي تبصمه في أسفل رسالتك، لتؤكد أنك- إن لم تكن "العبد الأكثر اخلاصاً" - فعلى الأقل "المخلص جداً" لسيدتك المفضلة؛ فإنك بعبارتك هذه أيضاً مدين لفضل العرب عليك. وفي أي مكان وزمان، فإن كل من انحنى لكي يقبّل يد امرأة، فإنه يؤدي بهذه الطريقة من التبجيل، ما ورثته إياه الحضارة العربية. . . ".

وتضيف الكاتبة الألمانية (هونكه): "إن مثل هذه الحالات، تتنافى كلية مع التوصيات الإنجيلية، ووسائل

124

القهر الموجودة تحت تصرف الأمر البابوي الرباوي،
والتي ترغم المرأة على الخضوع لسلطة الرجل.
" ليكن سيدك" وفق ارادة الله ـ حسب زعمهم- كما
ذكرنا " .

- وحسب الكاتبة الإندونيسية الدكتورة زكية
درجات[5] فإن المرأة في أندونيسيا، هي قاضية، ومكتشفة
للنفط والبترول، وباحثة في الفضاء، وسياسية، واقتصادية،
إلى جانب كونها كاتبة، وناشرة، ومربية مهنية، ودينية...
إلخ. وهي تمارس الدعوة الإسلامية عن طريق إلقاء
محاضرات في المساجد والمصليات، والمدارس، وغيرها
من الأماكن العامة. ويحضر هذه الدعوة الرجال إلى
جانب النساء. وتهدف هذه الدعوات الإسلامية إلى ترقية
الإنسان الإندونيسي، ايماناً وعملاً وخلقاً، ليتحقق هذا
الغرض النبيل في أسرع وقت ممكن.
وليس من الخطأ أن نقول إن اندونيسيا، هي البلد
الرائد في قبول النساء كعاملات في المحاكم الشرعية...

---

(5) "دور المرأة الاندونيسية في تنمية الشعب الاندونيسي"، الدكتورة
زكية درجات، أندونيسيا، (الإيسيسكو).

– وهاهي الكاتبة المصرية **(عائشة عبد الرحمن)**، **"بنت الشاطئ"**، تتحدث عن نفسها فتقول: "إنني أنتمي إلى جيل الطليعة، أمهات جيلنا من صميم الحريم.. لقد قطعت الأشواط والمراحل؛ من الأمية إلى أبناء الجامعة، وخضت في جيل واحد ثلاث معارك متداخلة: السفور، والتعليم والخروج والعمل. ودفعت الضريبة الباهظة لأخطر تطور اجتماعي عرفه التاريخ للمرأة الشرقية.

وأراني وأنا ربيبة الشيوخ، وقد تخرجت في كتّاب القرية، وتعلمت على منهاج المدرسة الإسلامية عن والدي، وزملائه شيوخ المعهد الديني بدمياط، ووصلت إلى أعلى المراكز العلمية: أستاذة للدراسات العليا في كلية الشريعة، بجامعة القرويين العريقة. وندبت لتمثيل مصر والجامعة في المؤتمرات والندوات العلمية والثقافية، على امتداد نصف قرن.

ومن بناتنا، الوزيرة والسفيرة والقنصل والمستشار الثقافي والاعلامي، وعضو مجلس الشعب ومجلس الشورى.

أين العقدة! وقد جاوزت بنت البلد، ربيبة الشيوخ مثلي، نطاق العالم الإسلامي، إلى عضوية اللجنة الثقافية الاستشارية لمعهد العالم العربي بباريس؟!" .

"وأعجب للمفارقة من انشغالنا بمشكلة الحجاب والنقاب وقيادة المرأة العصرية لسيارتها الخاصة، وفي جيلنا من قادت الطائرة ووصلت إلى منصب مدير معهد التدريب لشركة طيران مصر؟!. . .

فأين المشكلة، ونساء الطليعة في العالم العربي والإسلامي، من الهند إلى الباكستان، إلى سيري لانكا وبنغلاديش وايران، تتبوأ أكبر المراكز القيادية، ورئاسة الوزراء، قبل المرأة من حديد البريطانية؟!" . . .[6] .

---

[6] بنت الشاطئ "الإسلام والمرأة الجديدة"، واقع وآفاق، ص 191.

127

الخلاصة

هذا إسلامنا.... وتلك نساؤنا، الجديرات بحمل لقب الإسلام... فليأتوا بمثلهن... إن كانوا فاعلين...

وما تجنيات الماكرين والمأجورين عليه، إلا لأنهم يخشون على مصالحهم الجشعة، ورغباتهم الوضيعة من الإسلام.

فالإسلام، والإسلام وحده، هو الذي رفع نير الظلم، والعبودية والحرمان عن المرأة، التي كانت سائدة في كافة الحضارات والأديان السابقة، (اللهم! فيما عدا الحضارة المصرية القديمة، والمرأة في التاريخ القديم، بين الدين والاسطورة).

وإلى العرب والإسلام يعود الفضل، كما قال غوستاف لوبان، في احترام المرأة ومعاشرتها في أوروبا كإنسان. وإن ما أعطاها إياه الشرع، منذ اثني عشر قرناً، في القرآن، يفوق كل ما أعطتها إياه قوانين الغرب حتى هذه الأيام...

إلا أن الرياح المؤذية التي هبت على الامبراطورية الإسلامية من الشمال، هي التي أدت إلى حجب المرأة من أعلى رأسها، حتى أخمص قدميها، وكدستها في سراديب الحريم، ومنعتها من ممارسة واجباتها التي تتلاءم مع طبيعتها، وحرمتها من أهم حقوقها التي أغدقها عليها دينها وسنة نبيها، والراسخون في العلم في الإسلام.

وهي التي مارست الطب، والقضاء والجهاد، والخطابة والارشاد، والتعليم للشريعة الإسلامية، للرجال والنساء على السواء، في العهود الإسلامية الغراء..!

وما تجنّي المسؤولين، ووسائل الاعلام، في البلدان الغربية على الإسلام، وتحريفهم لحقيقتة، وهدرهم لكرامة نبيه، إلا رضوخاً لبرامج الصهاينة الأميركان.

فقبل الحق بوصية الإله لشعبهم المختار، وقبل الأسلحة التقليدية والنووية والديموقراطية وحقوق الإنسان، وقبل البترول وصدام، وحجاب المرأة الأفغانية، ومشاريع الشرق أوسطية، والجنوب والشمال، واغتيال الرئيس رفيق الحريري في لبنان، يأتي هدفهم الأكبر، وهو إبادة المسلمين، والقضاء على الإسلام، وبأيدي أدعياء الإسلام...

فهذا الدين القويم، الذي جاء رحمة بالناس أجمعين،

لا فرق بين الرجل والمرأة، والأبيض والأسود، والغني والفقير، والعالي والوضيع، زرعوا بين أبنائه الفرقة والتجزئة، والعداوة والبغضاء.

فالثورة على الإسلام، وباسم الإسلام، التي تحصد المؤمنين، أطفالاً ونساءً، شيوخاً وشباباً، والممتدة، بعمقها وجبروتها، من القوقاز والسودان، إلى الجزائر والعراق وايران وأفغانستان، وفلسطين السليبة، وكافة ربوع الإسلام، لا يجني ثمارها إلا الصهاينة الأميركان...

ومع ذلك، فعلى الرغم من كافة المعاول التي انهالت على هذا الدين عبر العصور فإنه، وإن أصيب بتصدعات جانبية، من جراء العناصر الديناميتية الدخيلة، التي نخرت أحشاءه، إلا أنه ما زال راسخاً كالجلمود، وما زال عدد المسلمين، وخاصة ممن يدخلون فيه أفواجاً من غير المسلمين، يزداد باضطراد كل عام. وما زال الإله الذي أوحى به إلى عبده محمد ﷺ، يرعاه، ويكشف كيد الماكرين، ويثبط خططهم، ويردهم على أعقابهم خاسرين.. كيف لا، وقد صدقه الإنجيل المقدس، الذي أنزل على سيدنا عيسى بن مريم (عليه السلام)، بأنه دين الحق، وأنه الأخير إلى يوم الدين: "سيأتيكم محامي، ليدافع عني ويقول لكم بأنني كنت أقول لكم الحقيقة،

اسمعوا له سيكون الأخير.. " (الفقرة 15- انجيل سان جان ـ1).... وقد أكده تعالى في كتابه العزيز بقوله: ﴿وَإِذْ قَالَ عِيسَى ٱبْنُ مَرْيَمَ يَـٰبَنِىٓ إِسْرَٰٓءِيلَ إِنِّى رَسُولُ ٱللَّهِ إِلَيْكُم مُّصَدِّقًا لِّمَا بَيْنَ يَدَىَّ مِنَ ٱلتَّوْرَىٰةِ وَمُبَشِّرًۢا بِرَسُولٍ يَأْتِى مِنۢ بَعْدِى ٱسْمُهُۥٓ أَحْمَدُ ۖ فَلَمَّا جَآءَهُم بِٱلْبَيِّنَـٰتِ قَالُوا۟ هَـٰذَا سِحْرٌ مُّبِينٌ ﴿٦﴾﴾ (الصف-6). صدق الله العظيم.

المراجع

- القرآن الكريم، السنّة النبوية، والحديث الشريف.
- الكتاب المقدس، الوصية القديمة.
- المرأة في التاريخ القديم، بين الدين والأسطورة، الأستاذة سالمة شعبان الجبار، (الإيسيسكو).
- الأسرة في التشريع الإسلامي، عمر فروخ، (الإيسيسكو).
- مكانة المرأة في قانون حمورابي، سالم البهنساوي، (الإيسيسكو).
- المرأة في الحضارات القديمة، منجية النفري، تونس، (الإيسيسكو).
- كتاب الهندوس، احسان حقي، (الإيسيسكو).
- الخطط المقريزية للمقريزي (الجزء الثاني).
- شمس الله تشرق على الغرب، الكاتبة الألمانية هونكه.
- وضع علم الاجتماع، هربرت سبنسر.
- ضحى الإسلام، أحمد أمين.

- الإسلام والمرأة الجديدة، عائشة عبد الرحمن (بنت الشاطئ) .

- واقع المرأة في العالم الإسلامي، د.أحمد شلبي (الإيسيسكو) .

- دور المرأة الإندونيسية في تنمية الشعب الإندونيسي، د.زكية درجات، (الإيسيسكو) .

- التكنولوجيا الحديثة، الديون والجوع، وربما نهاية العالم، د. نعيمة شومان، الشركة المتحدة للنشر والتوزيع، دمشق .

- مقتل الحسين، عبد الرزاق الموسوي المقرم .

- أعلام النساء، علي محمد علي دخيل .

- السيدة زينب في محنة التاريخ، عائدة عبد المنعم طالب .

- حياة السيدة زينب، الشيخ جعفر النقدي .

- أعيان النساء عبر العصور المختلفة، الخطيب الشيخ محمد رضا الحكيمي .

- اليمن بين قديمه وحديثه، د.نعيمة شومان، الشركة المتحدة للنشر والتوزيع، دمشق .

- الإسلام بين كينز وماركس، وحقوق الإنسان في الإسلام، د.نعيمة شومان، اتحاد كتاب العرب في دمشق.

- زينب الكبرى من المهد إلى اللحد، السيد محمد كاظم القزويني.

- شذرات من فلسفة تاريخ الحسين، سماحة الشهيد السعيد السيد محمد الصدر.

- تراجم أعلام النساء، العلامة الشيخ محمد حسين الأعلى الحاوي.

- دور السيدة زينب في معركة كربلاء، د. نعيمة شومان، (محاضرة في المؤتمر الدولي الذي أقامته المستشارية الإيرانية في دمشق، عام 2004).

- !L'Alliée du Roi، شيدر ناكور، والمؤرخ الكبير فرنامد بردونل.

- الابتزاز الجنسي، لين فارتي.

- الحياتيسري، كتب لابن الحجار.

- الحضارة العربية، غوستاف لوبون.

- الخطط التثقيفية، علي مبارك.

- البيان والتبيين، الجاحظ.

135

المرأة منذ العصر الحجري

ملحق رقم -1

ولادة المسيح "يسوع" عليه السلام، حسب ما ورد في "العهد الجديد" (Mathieu.18 au 25).

في الوقت الذي كانت فيه أمه مريم مخطوبة إلى جوزيف، وقبل أن يتم الزواج، وجدت حاملة بقدرة الله سبحانه وتعالى.

ونظراً لأن خطيبها جوزيف كان رجلاً ورعاً وفاضلاً، فقد أبى أن يشهر بها بين الناس، وفضّل أن يفصل خطبته عنها بمنتهى السرية. وكما راوده ظنه، فقد جاءه في المنام ملاك من الإله وقال له: جوزيف، يا سليل داوود، لا تخش أن تتخذ من مريم زوجة لك، نظراً لأنها حملت بفعل روح القدس. ولسوف تلد ولداً تسميه "يسوع" لأنه سينقذ شعبه من خطيئاتهم.

وما أن استيقظ جوزيف، حتى قام بتنفيذ كل ما أمره به الملاك، وتزوج من مريم. إلا أنه لم يدنُ منها قبل أن تضع وليدها، الذي أطلق عليه اسم يسوع.

ملحق رقم-2

ولادة المسيح "يسوع" عليه السلام، حسب القرآن الكريم
(سورة آل عمران، وسورة مريم)

﴿إِذْ قَالَتِ ٱمْرَأَتُ عِمْرَٰنَ رَبِّ إِنِّى نَذَرْتُ لَكَ مَا فِى بَطْنِى مُحَرَّرًا فَتَقَبَّلْ مِنِّىٓ ۖ إِنَّكَ أَنتَ ٱلسَّمِيعُ ٱلْعَلِيمُ ﴿٣٥﴾﴾ (آل عمران-35)

﴿فَلَمَّا وَضَعَتْهَا قَالَتْ رَبِّ إِنِّى وَضَعْتُهَآ أُنثَىٰ وَٱللَّهُ أَعْلَمُ بِمَا وَضَعَتْ وَلَيْسَ ٱلذَّكَرُ كَٱلْأُنثَىٰ ۖ وَإِنِّى سَمَّيْتُهَا مَرْيَمَ﴾ (آل عمران-36).

﴿فَتَقَبَّلَهَا رَبُّهَا بِقَبُولٍ حَسَنٍ وَأَنۢبَتَهَا نَبَاتًا حَسَنًا وَكَفَّلَهَا زَكَرِيَّا ۖ كُلَّمَا دَخَلَ عَلَيْهَا زَكَرِيَّا ٱلْمِحْرَابَ وَجَدَ عِندَهَا رِزْقًا ۖ قَالَ يَٰمَرْيَمُ أَنَّىٰ لَكِ هَٰذَا ۖ قَالَتْ هُوَ مِنْ عِندِ ٱللَّهِ﴾... (أي أنها كانت تعيش عابدة في المحراب، ولم تكن كبقية الفتيات العاديات). (آل عمران-37).

﴿فَأَرْسَلْنَآ إِلَيْهَا رُوحَنَا فَتَمَثَّلَ لَهَا بَشَرًا سَوِيًّا ﴿١٧﴾﴾ (مريم-17).

﴿قَالَ إِنَّمَآ أَنَا۠ رَسُولُ رَبِّكِ لِأَهَبَ لَكِ غُلَٰمًا زَكِيًّا ﴿١٩﴾﴾ (مريم ـ 19).

﴿قَالَتْ أَنَّىٰ يَكُونُ لِي غُلَٰمٌ وَلَمْ يَمْسَسْنِي بَشَرٌ وَلَمْ أَكُ بَغِيًّا ﴿٢٠﴾﴾ بغيا (مريم ـ20).

﴿قَالَ كَذَٰلِكِ قَالَ رَبُّكِ هُوَ عَلَيَّ هَيِّنٌ وَلِنَجْعَلَهُۥٓ ءَايَةً لِّلنَّاسِ وَرَحْمَةً مِّنَّا وَكَانَ أَمْرًا مَّقْضِيًّا ﴿٢١﴾﴾(مريم ـ21).

﴿فَحَمَلَتْهُ فَٱنتَبَذَتْ بِهِۦ مَكَانًا قَصِيًّا ﴿٢٢﴾﴾ (مــــريــــم-22).

﴿فَأَجَآءَهَا ٱلْمَخَاضُ إِلَىٰ جِذْعِ ٱلنَّخْلَةِ قَالَتْ يَٰلَيْتَنِي مِتُّ قَبْلَ هَٰذَا وَكُنتُ نَسْيًا مَّنسِيًّا ﴿٢٣﴾﴾ (مريم-23).

﴿فَأَتَتْ بِهِۦ قَوْمَهَا تَحْمِلُهُۥ قَالُوا۟ يَٰمَرْيَمُ لَقَدْ جِئْتِ شَيْـًٔا فَرِيًّا ﴿٢٧﴾ يَٰٓأُخْتَ هَٰرُونَ مَا كَانَ أَبُوكِ ٱمْرَأَ سَوْءٍ وَمَا كَانَتْ أُمُّكِ بَغِيًّا ﴿٢٨﴾﴾ [مريم: 27-28] (مريم-27-28).

﴿فَأَشَارَتْ إِلَيْهِ قَالُوا۟ كَيْفَ نُكَلِّمُ مَن كَانَ فِي ٱلْمَهْدِ صَبِيًّا ﴿٢٩﴾﴾؟ (مريم-29).

﴿قَالَ إِنِّي عَبْدُ ٱللَّهِ ءَاتَىٰنِيَ ٱلْكِتَٰبَ وَجَعَلَنِي نَبِيًّا ﴿٣٠﴾﴾ (مريم-30). (أي نطق بنفسه بنبوته)

﴿وَجَعَلَنِي مُبَارَكًا أَيْنَ مَا كُنتُ وَأَوْصَانِي بِالصَّلَاةِ وَالزَّكَاةِ مَا دُمْتُ حَيًّا ﴿٣١﴾ وَبَرًّا بِوَالِدَتِي وَلَمْ يَجْعَلْنِي جَبَّارًا شَقِيًّا ﴿٣٢﴾ وَالسَّلَامُ عَلَيَّ يَوْمَ وُلِدتُّ وَيَوْمَ أَمُوتُ وَيَوْمَ أُبْعَثُ حَيًّا ﴿٣٣﴾﴾ (مريم ـ 31-33).

المؤلفة في سطور

* الدكتورة نعيمة شومان، فرنسية من أصل سوري-حلب.
* حائزة على شهادتين في الدكتوراه في العلوم الاقتصادية والمالية من جامعة السوربون-باريس 1 ـ فرنسا، بالإضافة الى الليسانس في الحقوق وأعمال المصارف سابقاً من دمشق.
* تعاقبت على مراكز عديدة مع جمعها بين العمل والدراسة.
* تصدت في أطروحتها الأولى لعام 1976 التي استوحت فكرتها من خبرتها كرئيسة قسم اتفاقيات الدفع في مصرف سورية المركزي في دمشق، الى العلاقات الاقتصادية والمالية بين الدول الاشتراكية والبلدان النامية، مطبقة على سورية. في اطار الكليرينغ. وهي رائدة في هذا المجال.
* كما تصدت في أطروحتها الثانية لعام 1985- التي استوحت فكرتها أيضاً من خبرتها العملية كخبيرة اقتصادية ومديرة الدراسات الاقتصادية والمالية في اتحاد المصارف العربية الفرنسية في باريس- للعولمة (الأمركة)، وأساليبها وابتزازها لثروات الشعوب، وأزماتها ونتائجها المأساوية: كاستفحال الديون، والجوع والكوارث الطبيعية. وهي أيضاً رائدة في هذا المجال.
* هبت لنصرة التعريب في الجزائر عام 1970، وعملت على تدريس "الاقتصاد التطبيقي"، مطبقاً على الجزائر ومصر.
* كمحاضرة دولية، شاركت، وما زالت تشارك في مؤتمرات دولية عديدة. وكمستشارة لليونيسكو، استوحى منها فكرة مؤتمره الدولي

الذي عقد عام 1989 تحت عنوان: "قلب البنيات الاقتصادية، والاجتماعية والثقافية في بلدان العالم الثالث، ونتائجها المأساوية". ومن المؤتمرات التي شاركت فيها أيضاً:

ـ مؤتمر جامعة أوتاوا في كندا لعام 1936 "العولمة والتفتيش عن طريق بديل".

ـ مؤتمر ليليا باسو - روما "النظام العالمي الى أين؟" لعام 1998.

ـ "المرأة المسلمة كمثال"- زينب لعام 2000-دمشق.

ـ "حقائق وأوهام حول تفاقم الجوع وزيادة السكان"، جامعة حلب.

ـ "أية سياسة تنموية لفرنسا" مجلس الشيوخ-باريس لعام 2006.

ـ "بترول، التاريخ يعيد نفسه" مكتبة الأسد، دمشق.

ـ"العولمة ومضارباتها وأزماتها" لعام 2010 المغرب.

ـ "الهجرة والتطور والنمو، واعادة المهجرين إلى بلادهم" لعام 2010 الجزائر.

وعشرات المؤتمرات الأخرى في المركز الثقافي السوري في باريس.

* مع مئات الدراسات والأبحاث، صدر لها كتب علمية عديدة ناقدة للعلوم الحديثة. بالإضافة الى متابعتها للعولمة وأزماتها، سلطت الأضواء على أهمية الاقتصاد الإسلامي في كتابها: "الإسلام بين كينز وماركس" لعام 2000، اتحاد الكتاب العرب- دمشق- وتفوق الحضارات القديمة في كتاب: "اليمن بين قديمه وحديثه" اتحاد الكتاب العرب-دمشق. وكان آخرها كتاب: "العولمة: بداية ونهاية"، دار الفارابي-بيروت 2007.

* ومن الكتب المترجمة: "اسرائيل وشعوبها" لعام 2002، دار الرسالة-بيروت، وكان موضوع محاضرتها في اللجنة الشعبية لدعم الانتفاضة الفلسطينية، دمشق.

المحتويات

المرأة منذ العصر الحجري

والمرأة في الإسلام كإنسان 7

المرأة في الحضارات والأديان الأخرى 14

المرأة في الإسلام كإنسان 28

الإسلام، ومساواة المرأة مع الرجل

منذ اثني عشر قرنا 36

أمثلة من أعيان النساء

(قبل الإسلام وفي صدره وبعده) 83

الخلاصة 129

المراجع 133

ملحق رقم -1 137

ملحق رقم-2 138

المؤلفة في سطور 141

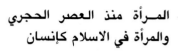

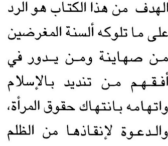

المـرأة منذ العصر الحجري
والمرأة في الاسلام كإنسان

الهدف من هذا الكتاب هو الرد
على ما تلوكه ألسنة المغرضين
مـن صهاينة ومـن يـدور في
أفقهـم مـن تنديد بالإسلام
واتهامه بانتهاك حقوق المرأة،
والـدعـوة لإنقاذها من الظلم
المطبق عليها من هذا الدين المظلم والمتحجر، وذلك
من خلال استعراض ما منَّ الله على المرأة في الإسلام
من حقوق وما أناط بها من مسؤوليات قد تضاهي –
في بعض الحالات – الرجال، وبالاستناد إلى القران
الكريم وسنّة النبي محمد (ص). هذا بالإضافة إلى
تسليط الأضواء والمقارنة بينه وبين الحضارات والكتب
السماوية السابقة.

ويغص هذا الكتاب بالأمثلة على النساء الرائدات في
التاريخ الإسلامي، وعلى رأسهن السيدة زينب.

ISBN 978-9953-71-626-8

9 789953 716268